U0916040

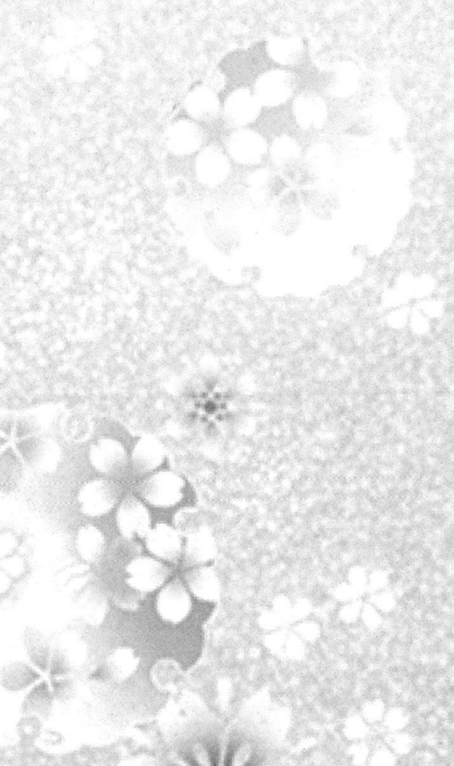

亲密约会必杀技

QinMi YueHui BiShaJi

郑洁心◎著

江西科学技术出版社

图书在版编目(CIP)数据

亲密约会必杀技/郑洁心著.
—南昌:江西科学技术出版社,2010.8
ISBN 978-7-5390-3979-4
Ⅰ.①亲… Ⅱ.①郑… Ⅲ.①恋爱—通俗读物 Ⅳ.①C913.1-49
中国版本图书馆CIP数据核字(2010)第146577号
版权合同登记号:14-2010-264
本著作通过四川一览文化传播广告有限公司代理
由雅书堂文化事业有限公司授权出版
国际互联网(Internet)地址:http://www.jxkjcbs.com
选题序号:ZK2010313
图书代码:D10097-101

亲密约会必杀技

著 郑洁心

责任编辑/李露萍　程宁宁
出版发行/江西科学技术出版社
社址/南昌市蓼洲街2号附1号
邮编/330009　**电话**/(0791)6623491　6639342(传真)
经销/各地新华书店
印刷/深圳市彩美印刷有限公司
版次/2010年9月第1版
2010年9月第1次印刷
开本/787mm×1092mm　1/16　10.5印张
字数/100千
书号/ISBN 978-7-5390-3979-4
定价/18.80元
赣版权登字-03-2010-271

序　言

幸福掌握在自己的手中

近几年来，很多人都感觉生活中的痛苦指数上升了。痛苦指数上升的原因，不外乎是无奈、无力回天、自己改变不了的事情越来越多。

面对物价上涨，你能改变什么？面对油电双涨，你又能改变什么？快乐的生活，仿佛就被这些不能改变的事实一点一滴吞噬掉了。我们无可选择，必须含泪节制自己每一天的衣食住行，然后做着有朝一日中彩票的大梦。

但是幸好，我们还有一件自己可以掌握的事情，这件事情就是——幸福。

而且幸好，这个世界上还有一种贫富贵贱都能拥有的快乐，这个快乐就是——爱情。

虽然爱情的发生是缘分，爱情的萌芽是感觉，我们不一定可以主导缘分或感觉，可是当它来临的时候，我们却可以用尽

一切努力，拥抱它、灌溉它、享受它。想想，拥有一段恋情是多么千载难逢的幸运，更是我们这些升斗小民唯一可以和首富同享的幸福，哪能随口说句“随缘”，就放任恋情无疾而终呢？

我们是可以为自己的爱情努力的，但是这种努力，绝对不是商业营销教导你如何保养、健身、整形，用外貌来吸引住另一半的眼光。这种努力，也不是教你心机算尽，布下天罗地网，好让情人逃不出你的手掌心。如果想长久地拥有幸福的感情生活，这些都是行不通的。

因为，幸福是心与心的交流。

每一次的约会，都是我们为自己恋情努力的好机会。约会，绝对不是两个人共同去消磨掉一段无聊的时间；约会，是为了让彼此了解，在优点中看见对方的吸引力，在缺点中找到双方相处上的平衡。

我认识一些非常美丽的女孩子，她们在每一段恋情中无往不利。很多女孩子都认为，因为她们非常美丽，所以爱上她们的男人总是非常地爱她们，离开她们的男人总是舍不得她们。其实不然，就我所认识的这些女孩，其实在每一段恋情中都非常努力，而且真诚、善解人意。她们不会在约会的过程中只想到自己，也不会忽略另一半的感受，她们让另一半感觉，和她们一起共度时光是一件非常美好的事，就算能和更美丽、身材更火辣的女性交往，他们也不要。

能感受到对方的需求，而且有自己的原则，是她们总能胜利的原因。

我也认识一些非常美丽的女孩子，她们的恋情总是从头苦到尾，从头抱怨到尾。她们永远不主动了解对方、关怀对方，可是对于对方的行为永远有意见。她们一直认为自己是对的，不能给对方一点点犯错的空间。

面对的是同样优秀的男人、同样美好的恋情，可是幸福却不是同样到来。这是因为，前者愿意花更大的心力来让自己幸福，后者只愿意等着别人给予幸福。

每个人对于幸福的定义不同，只有自己知道自己要什么，所以只有自己为自己争取到才会幸福。

而每一次的约会都是一个机会，都是我们可以掌握自己幸福的绝佳机会。不管我们要穿什么、去哪里、做什么、说什么，千万别忽视它，因为它是影响两个人感情发展的重要种子。

在这个压力倍增的年代，让我们至少还能抓住一些属于自己的幸福吧！我们应该庆幸，不管在什么样的时代，爱情总眷顾着不分贫富贵贱的每一个人。

读了本书后，请告诉自己：不要轻率，不要等待，从今天开始的每一次约会，都要为自己的幸福加分！

前　言

在台湾，不管哪个地方，只要打上“约会胜地”名号，必然就人潮汹涌；哪个节日，只要搭上恋人的列车，商家们必然生意兴隆。我认识的一些朋友便是如此，但凡知道哪里有助桃花之寺庙、高人，无一不前去参拜，请教高人指点迷津。

这几年来，台北又多了一个约会胜地——位于内湖的美丽华摩天轮。这里结合了许多浪漫的元素，像是 Hello Kitty 代言的信用卡、广阔的林荫步道，以及恋人在空中俯拾白云月光的浪漫。

几乎我所认识的每一对情侣，都至少去坐过一次摩天轮，仿佛只有如此才能感受到那浓浓的爱意。台北的情侣除了摩天轮之外，看电影必选华纳威秀，因为那背后的意象是高贵的装潢，还有迪斯尼可爱的卡通人物。此外，像是信义区的 101 大楼，更是情侣们远离人群、登高共赏台北都会美景的最佳地点。

但也不尽然都如此。我也认识某些情侣，他们特爱一起蹲

在路边大吃大肠包小肠。浪漫这种事情,可不是商业销售说了算。

大多数人认为情人节一定要送玫瑰花,而且一定至少九十九朵以上,不然就是九百九十九朵,当然有财力的送上更多位数的玫瑰花,那种浪漫的氛围就更强了。

还有钻石,钻石是恋人之间最重要的约定,而且一定要"八心八箭"的完美车工,如果还有 Tiffany 的原厂保证书,那就更完美了。女孩子会觉得,自己像是高贵的奥黛丽·赫本。

可是,对男人来说,则是"钻石恒久远,一颗就破产"。

汽车也是浪漫的必备武器,没有一部浪漫的敞篷车,整个爱情就好像打了折扣,两个人也不知道约会要从何约起。搭公交车约会,已是属于学生时代的浪漫。

星星、月亮、海滩、森林、美食佳肴、烛光晚宴……凡是罗曼史和偶像剧里提到的事物,都是爱情的标志之一,都是恋人必修的学分。

我们是这样看待约会和浪漫的。对很多人来说,爱情就是这种面貌,代价昂贵,感觉梦幻,心情起伏如乘坐云霄飞车,最后加上浓烈的记忆,凄美的别离。这是一种爱情。

有人会在网络上发问:"约会到底都要去哪里?"有人周末的例行公事就是看电影、逛街;有人等到了约会时间还不知道要做什么时,就干脆换掉约会对象,以求保持恋爱的新鲜感。这样一来,感觉上情人只是一个约会的伴侣、浪漫的伴侣,竟和感情的经营无关了。我常常想:难道恋人在一起的时候,除了看电影、逛街这种活动之外,就别无选择了吗?难道一对恋人,只是一起去做这些约会公事而已?

我认识一对情侣,在搭过一次摩天轮、去华纳威秀看过几场电影、逛过五次西门町、一起吃过不超过十次的周末晚餐之后,就宣告分手了。分手的时候,两个人对对方的感觉还像朋友。他们甚至可以在分手的时候说出“对不起”和“没关系”这种对白。我听了大呼不可思议,感觉自己曾经看到的那个追求者炽热的爱意,莫非只是演戏?

当然,谈恋爱有时也得靠运气,才能有美好的结果。只是,光是靠运气是不够的,光是靠吃饭、看电影也是不够的。我们在彼此的相处过程当中,其实可以做一些努力,让这段恋情变得更充实美好,即使最后不能走到长相厮守的地步,至少在日后回忆起来,感觉是温暖美好的,而不是连对方长得是圆是扁,为了什么在一起,又为什么而分开,都毫无印象。

恋爱是人生中最美好的事情之一,我们希望它的来临和离开,都充满着白羽毛、落叶、飞花,不但经历的事情很风花雪月,连心情的感受也是风花雪月那样浪漫。

重点就在于约会的经营。

约会要约得巧、约得妙,让彼此感情在约会过程中加温,并且得到相当地了解,不然约会就只是两个人瞎耗时间的事情,

看起来像是一对男女朋友,可是最后都没有走进彼此的心里。

如果你也准备好谈恋爱,请抱着欣喜的心情,对着你的爱情说:欢迎光临!

目录

Part 3 成功的约会谈吐 49

Part 4 成功的约会技巧 81

Part 5 成功地选择接受或者分手 117

Part 1 成功地选择约会时间

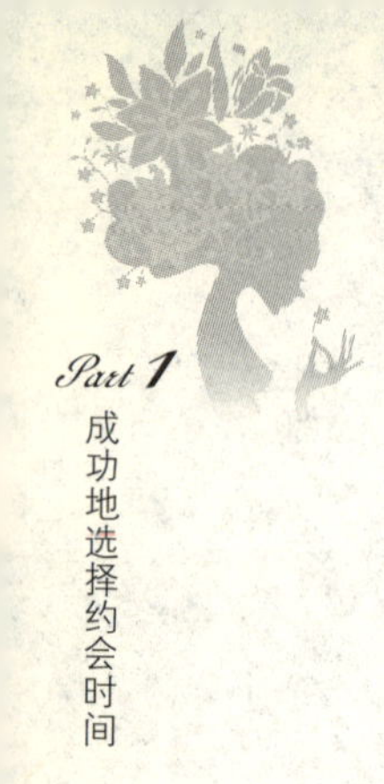

第一技

午餐约会

午餐约会的好处在于，它不需要花很长时间，但却是增进感情最有效率的约会。怎么说呢？因为你可能有一整天忙碌的工作、烦不完的会议，这个时候，如果情人在午间出现，给你一点点温暖呵护，那么，他就马上变成把你从工作坟墓中解救出来的天使，谁还能取代他的地位呢？

午餐约会适合已经交往一段时间，彼此熟悉的情侣们。平日大家可能各自忙自己的，只能在周末特地约个时间出来见面，长久下来，可能感情就淡了。所以，把握住午餐的时间，就算只是彼此看几眼、聊上两句都好，不但心里觉得踏实点，也可以更融入对方的生活。

有人说办公室恋情充满压力，可是对于小如和阿祥这一对办公室情侣来说，完全没有感受到。他们平常就是各自在自己的岗位工作,但是午休时间一定会一起吃午饭。

有的时候虽然跟着一群同事去吃午餐,说说笑笑,但午餐结束之后,两人还是会手牵手到超市买饮料,边聊边走回办公室。

有的时候两人会一起到安静的咖啡厅吃午餐,说着早上发生的事情,交换彼此的心情,给彼此打打气,这样回去工作的时候,情绪和精神总是很好。

办公室恋情对他们来说很好, 因为他们的步调很一致,不会因为时间和空间的距离拉远了两个人的观念和生活。

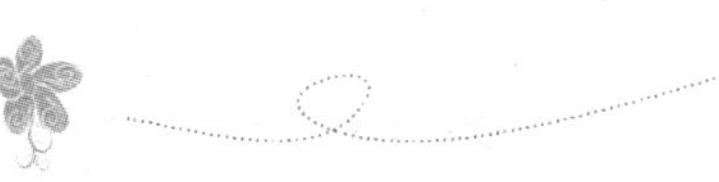

约会的时间不需要很长

很多人都以为约会需要很周详的计划和布局,没有花上几个小时、超额预算,似乎就不足以成就一场浪漫的约会。

其实不是这样的。约会的时间只是在增进彼此的感情和相互了解而已。不管是三天两夜的约会,还是几分钟的约会,只要有心,每一段时间对恋人来说,都是甜蜜且弥足珍贵的,都可以好好把握。

两个人的见面时间不需要太刻意安排, 在忙碌的现代社会,能够在想起对方的时候,抽个空过去陪他(她)吃一顿简单

的午餐，也许一个星期只有一两次，也可以让彼此感情升华不少；如果是相隔两地，见面不易，也可以利用手机短信或E-mail传情达意，适时为爱侣打气，让彼此都能感觉到，两个人不只是周末伴侣，而是随时相伴的人。

人不只是空闲时间的伴侣，更是分享真实生活的对象。如果能够将彼此的交流延伸到日常生活中来，必然使彼此的感情加温！

午餐约会的安排

即使是在不同公司上班，也可以享受两个人的午餐约会。如果两个人工作地点相距不远，便可以安排一个星期一两天到对方的工作地点。如果两个人有一段小小的时间，可以共进午餐当然好，即使没有，也可以带些小甜点、饮料过去给对方，给对方一点温馨的感觉。再怎么忙，也要和对方吃个午餐！

准备一份可爱的午餐给他（她）

许多恋家型的男人都梦想吃到另一半准备的午餐，我的一个女性友人就遇上了这样一个男人。

由于她的工作并不需要朝九晚五，时间自由。有一天她闲来无事，就动手做了一份午餐带去男友的公司，虽然她的手艺实在是乏善可陈，可是男友却吃得津津有味，感动不已。

她知道吃什么样的午餐对他来说其实并不重要，重要的是，他很希望当自己在外面辛苦工作的时候，可以得到情人用心挂念和爱的鼓励。

张罗一份爱的午餐倒不必像妈妈给小朋友带便当一样大费周章，如果你是厨艺欠佳的娇娇女，我建议简单地做一份三明治就很暖心了。材料是吐司、火腿（火腿可以买那种进口的大片火腿，各种口味都有，像红椒火腿、火鸡火腿、起司火腿……现在台北市新兴百货都有这样的超市可以买得到）、鸡蛋、生菜。

像西式三明治的那种做法，就是把所有材料都做好，放置好了之后，最后才和吐司一起进烤箱烤，烤到吐司表面呈现金黄色就可以了，拿出来之后用切面包的刀子切成四等份，放进便当盒子里。

此外也可以冲一壶香醇的咖啡佐餐，像这样的午餐，就不会搞得自己像妈妈一样，而是会充满恋人间浪漫的爱意。

如果是男孩子，就不建议亲自做午餐了。你可以大方一点，直接杀到女友的工作地点，带她去吃一顿浪漫午餐。我的朋友有一天忘了带钱包，结果中午十二点一到，走出办公大楼，就看见她的男友已经等在门口了。他帮她带来钱包，而且直接拉起她的手带她去吃饭。

她说那一刻，她感觉到自己无时无刻不受到他的保护，这

种感觉很温暖也很窝心。就算一个人要面临的工作压力很大，她也不觉得孤独无依。这个男友从此给她一种人生伴侣的感觉，因为他不只是一个在周末一起吃饭、看电影的普通人物，而是陪伴着她生活，像呼吸一般重要地存在于她的身边。

当然，她最后嫁给了他。

第二技

下午茶约会

选择风和日丽的午后约会，气氛绝对不输给夜晚浪漫的约会。下午茶约会的好处在于，两人不必一边分心填饱肚子，一边聊天，而是可以在浓郁的咖啡茶香中，释放压力，轻松地交谈。

下午茶约会尤其适合刚开始交往的恋人们。在明亮的环境里，感受到的是如朋友般的真诚，从这里开始慢慢接触对方，可以用最轻松自然的方式渐渐发展到亲密关系。

小军和小悦是一对刚开始尝试交往的情侣。小悦是一个乖巧安静的女孩，习惯晚上在家里看电视，不喜欢去黑漆漆的地方。所以小军就选择周末的午后约小悦出来逛街，喝下午茶。

在一个安静明亮的环境里，小悦感觉心情很放松，没有谈过恋爱的她，这样的约会就不会让她感到紧张。过去想认识她

的男孩子都是约晚上看电影,可是出去了一次,那种诡异的气氛使小悦感到很别扭,无法进入状态。

这一次,她觉得很自然、很轻松。因为小军给她的感觉像朋友,既亲切又温暖,她渐渐地对他产生了信任,也进入恋爱的感觉了。

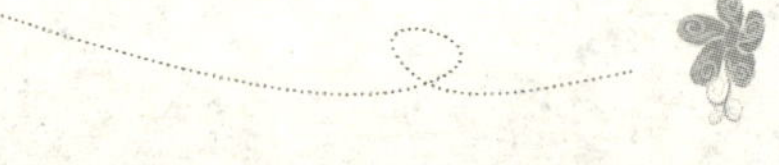

初次约会,就从建立信任开始

大多数的人约会都是看电影、吃晚餐。可是,不是所有人都能适应这种约会。很多女孩子,特别是没有谈过恋爱、还没有做好恋爱准备的女孩子,要她们一下子就进入一个暧昧的、浪漫的氛围里,去和一个不熟的男孩子亲密交往,那真是非常的困难。因为,她们根本就还不知道这么浓烈的浪漫要做什么,毕竟双方都不熟,或者从来没有过尝试深入了解的阶段,如果要贸然地进行一对一的约会,那对她们来说压力已经够大了,更不要说在还没有做好心理准备之前, 就已经处在一个黑暗的、暧昧的环境里,这对她们来说都是压力。

初次约会,还是从建立信任开始吧!不要急着想要在月光下谈情说爱、卿卿我我,如果一味想在星空下制造浪漫,还来不及信任和了解,这样制造出来的浪漫像演戏,一点都感动不了别人，也感动不了自己。

别急着趁着暗夜牵手、亲吻、拥抱……那样太快了，会把才刚准备好想要认识你的对象给吓跑。从朋友开始做起，从朋友般的聊天开始做起，从一个悠闲的下午茶开始约会起，让彼此放松心情，一步一步地了解和信任。

美好的午后时光

请选择在自然光照得到的咖啡厅进行下午茶约会，让两人一起沐浴在阳光下，感受气氛明亮的两人世界。

点一壶香气弥漫的玫瑰花草茶，配上可爱的草莓蛋糕，非常适合天真烂漫的恋爱心情。但是，这个时候还是要避免任何心形的装饰蛋糕出现，因为你们要从一对两小无猜的恋人做起，从草莓蛋糕、Hello Kitty 磁铁、在路边夹娃娃、一起逛书店，看着那个美丽的旋转木马，从这里开始燃烧甜甜的、轻轻的感觉，让这些可爱的小玩意儿，将彼此的距离拉得更近。

就把彼此拉进孩提时代的心情吧！因为那时心情是最没有设防的。

现在流行着快餐爱情，一见钟情，然后采取猛烈的攻势，每一个功势都指向你要不要跟我在一起？这种一翻两瞪眼的压力，其实对于真实的感情并没有加分的效果。我常常想，如果对方是在一个压力之下不得不答应在一起，那么这段恋情就会充

满压力，好像赶场一样，在一起了、牵手了、亲吻了、拥抱了……每个步骤循着固定模式进行，但心和心的距离却没有拉得更近，甚至也许分离的时候，只感觉像做了一场梦。于是这个城市的恋情，就好像一场梦接着一场梦做下去。这个城市里有满坑满谷的爱情，可是也有满坑满谷不被了解、没有真正被爱着的寂寞。

让我们从学习下午茶的恋爱开始吧！不要给彼此压力，不要急着对对方说：我喜欢你，请你答应跟我交往好吗？不要急着传递这种信息给对方：我渴望恋情，请让我们开始恋爱吧！……不要急着用偶像剧和罗曼史的那一套来加速恋情进展。让我们学习好好地共进午茶时间，只是轻松地闲聊彼此的心情，只是安静地看着彼此丰富的表情，只是一起去做一些日常生活的事情，让自己自然而然地成为对方日常生活的一部分，变成不可或缺的氧气，等到感情越来越深刻，才开始表白。

利用一个下午的时间，去做快乐的事情，不一定要浪漫，但要是快乐，像是去坐充满欢愉的摩天轮也是午茶时间一个很棒的活动。浪漫可不是夜间的专利，白天阳光射透云雾的姿态也很美丽。

计划一个午茶约会

像玫瑰园、星巴克这样的地方，就很适合午茶约会。你可以计划两个人先一起逛书店，聊聊书籍和彼此的看法，累了，就可以直接去喝咖啡，或者转战到玫瑰园去，在茶香和咖啡香中共度惬意时光。

玫瑰园很棒的地方是，它非常地优雅、静谧，而且无论餐具和摆饰都是经过精心设计，充满了玫瑰的浪漫，可以是友好的君子之交或是吐露心事的场所。这里远离繁华嘈杂，有独树一格的风范。

在此我特别建议点午茶的手工小饼干，盛在三层花边的标准午茶玫瑰瓷盘里，两人份的共享。喝花草茶，因为咖啡容易让人精神太亢奋，而两人世界则需要放松。如果男方的工作压力大，可以点柠檬草之类的花草茶，有安神的功效。而且，切忌在女方面前继续谈论你的工作或是宣扬你在工作上的丰功伟绩，别把这些压力丢给你想追求的女孩。真的要说，就说说日常生活的琐事，同时也听听她的感受，相信她会对你的贴心大为感动。别把平日面对老板的压力转过来丢给女方。

女孩子的话可以点选玫瑰绿茶。玫瑰花本身的口感平平，但是香气浓郁，而绿茶本身就有茶叶的清爽甘涩，两者搭配在一起，无论是气味和口感都是一流的。而且玫瑰花对女孩子的身体本就有很好的帮助，可以让女孩子脸色红润。贴心的男士可以这样对你的女伴提出建议，相信她一定会感到很窝心。

刚开始的约会，除非交通十分不便，或者女孩子不排斥，否

则约会结束的时候，男士不必刻意送女士回到住所，因为在这个阶段，可能女方也还没对男方有那么多的信任。至于陪她等地铁或者公交车，则是必备的贴心动作。

让这个约会没有压力，就是踏出扎实恋情的第一步。

如果你开始有了想追求的对象，不妨从午茶约会开始吧！

第三技

晚餐约会

小敏和小俊是一对热恋中的情侣。他们平常都是朝九晚五的上班族,通常下班之后都是七点多了,如果到了月底加班,可能要到晚上九点之后才有空闲。周末假日还要分配给朋友和家人,所以两人见面的时间实在少之又少。

他们两人的晚餐通常都是在办公室里草草解决,不然就是晚上八点之后才用餐。

后来他们想出了一个解决的办法,那就是无论下班的时间有多晚,两人都坚持一起吃晚餐。如果小俊下班时间比小敏早,小俊就去小敏的公司等小敏下班, 等她下班之后再一起吃晚餐。如果小敏下班的时间比小俊早,那就是小敏到小俊的公司陪他到下班,一起共进晚餐。

或者彼此带着晚餐到对方的办公室陪对方加班。即使只是一个简单的卤肉饭、贡丸汤,两人也是吃得津津有味。而且,看

着彼此为了两个人共同的未来那么努力的样子，也就更坚定了相爱的信心。

即使没有烛光、音乐、佳肴，甚至连对话的时间也没有多长，只是因为知道自己在打拼的时候身边有个人在，就已经足够了。

谁说晚餐约会一定要在多奢华的餐厅或是有一段很长的时间才足够，对小敏和小俊来说，能够看见彼此、陪着彼此，就是生活中最大的奢华了。

忙里偷闲的晚餐时间

对于生活在都会的恋人来说，最大的困扰莫过于太忙，忙得昏天暗地、忙得做什么事情都没有时间，忙到一闲下来的时间，就是补眠。

我的每个朋友初入社会的时候都哀嚎不已，抱怨每天工作就像机器一样，朝九晚五，不但工作的时间想着工作，就连休息的时间满脑子还是工作。他们抱怨工作充满整个生活，赚的钱又只有一点点，每个人每天都想从这种无止境的轮回跑出去。问题是，谁跑得了？谁也不敢冒着生活顿失经济依靠的风险，真的出走。

很多人梦想自己开工作室、自己当老板，甚至被这几年新兴的网络事业所吸引。这些独立的、脱离朝九晚五的事业之所以会这么吸引人，除了据说收入颇丰之外，最大的诱因，就是不必把自己的生活卡死在办公室里。可是，真的如此就可以拥有属于自己的生活吗？

不可能！我的一个从事SOHO的朋友对我说，他比起以前更忙了。以前他是一天八个小时卡死在办公室，但是一天至少有两个小时以上可以打混摸鱼，可是自从自己管自己的薪水之后，他变成无时无刻不在工作，他的二十四小时全部都是工作时间。

忙碌、赚钱是现代人共同的心声。有些人说，谈恋爱是要有钱又有闲的事情，如果这种说法成立，那么现代人真的都不能谈恋爱啰？

其实没有必要那么悲观，忙碌并不是谈恋爱的杀手，因为两个人在一起不是为了打发工作之余的时间，只是为了让两颗疲惫的心灵互相陪伴着。

很多情侣会抱怨，除了周末之外几乎都没有时间碰面。也许周末的那一顿晚餐加上夜游到天明的约会很棒，可是期间只是用电话关心，感觉也非常不实在。

但是，如果两个人心系彼此，忙碌就不是一个问题。没有人规定情侣在一起约会一次需要多少时间才足够，也没有人规定

情侣在一起要玩得多奢华才能充实感情。有的时候，我们只需要每天挪出一点时间给对方，即使晚餐时间是两个人在办公室里吃着卤味解决，也未尝不是一种浪漫。

晚餐约会的亲密

一般人的晚餐多半是和家人共进的。如果情侣之间已经进行到两个人共进晚餐是一件日常生活的事情，而不只是一个约会的形式，那就恭喜你们，表示你们的关系已经如家人般亲密了，距离走进礼堂的时间也不远了。

晚餐约会正是适合这样的情侣，把每天晚餐的时间当成是两人必然共聚的时间，让两人的生活更贴近。在晚餐时间，刚好结束掉一天大部分的工作，心情渐渐放松，也渐渐疲累，如果你的对象是这个时候你最想见到的人，那就表示，他（她）是你奋斗的目标之一。你期望在一天结束之后，每天都看见对方，让自己忘却一整天面对的繁琐杂事，并享有家人般的温暖。

晚餐约会，对于热恋的情侣，是浪漫夜晚的开始，可是对于相爱已久的恋人，却是静谧的港湾，一个安然休憩的港湾。

这个时候，晚餐约会就不必那么大费周章了，不需要那些烛光和音乐，以及过多的活动，那只会拉开你们两人之间心灵契合的熟悉感，其实只要能见彼此一面，安顿一下彼此一整天劳累的心灵，就已经足够了。

在冬天的夜里，提着热腾腾的汤面去和你的他（她）共进晚餐，只需要三十分钟，看着对方享受食物的幸福表情，最后再一起手牵手回家；在夏日的夜里，带着简单的三明治和冷饮去和你的他（她）共进晚餐，听着对方细数这一天下来的工作心路历程。这样没有压力、没有刻意、自然而然的晚餐约会，不但可以加深彼此的感情，而且可以让彼此都掌握对方的心情、生活变化，更懂得如何去爱对方。一定要避免长久的忙碌把彼此的了解都拉开，这种疏离的情况一旦产生，久而久之，就算要爱，也不知道对方在想什么，需要什么。

所以，省下周末那一次非常奢华的晚餐之旅吧！把它平静地分散在每一天的生活当中，只要多付出一点时间和心力，那样的感情累积效果可是好过于一个星期一次的豪华盛宴。

晚餐约会的计划

晚餐约会其实不需要特别的计划，只要把握一个原则，就是每天下班之后，无论如何都要和对方共进晚餐。如果实在太忙，或许一周维持两天到三天这样的约会，相信必然可以让两人的关系更加亲密。

虽然说两个人交往，强调一定要有自己的生活圈和空间，可是许多拥有美满婚姻的朋友对我说："其实再怎么样的个人生活圈，都比不上自己的家人来得重要。"他们虽然也有各自

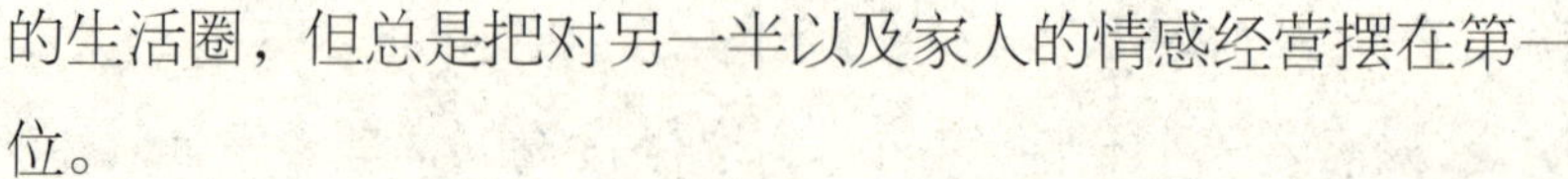

的生活圈，但总是把对另一半以及家人的情感经营摆在第一位。

“你跟朋友可能一个月或是半年才见一次面，可是情人和家人是每天见面的，还有什么比这个更深刻影响自己的生活呢？而且，通常自己遇到了困难，家人是第一个能伸出援手的人。所以，我会先把家庭安顿好，才去谈其他生活圈。”一个幸福的小女人这样对我说。

把过多的应酬玩乐推脱掉吧！多花点时间陪在那个准备和你共度一生的人身上。也许一天只需要一点点晚餐时间，就可以建立起更亲密的感情，没有什么比这个更值得了。

不需要太刻意的铺陈，只是一点点吃吃喝喝的小东西，最重要的是，那享受食物的瞬间，以及融化在心里的甜蜜。

第四技

周末的约会

阿志和小真两人才刚从朋友变成情人。对他们来说,目前是最好的时光,因为每一次约会都充满期待、充满惊喜。他们需要非常丰富的约会和浪漫,来加强两人之间欢愉的气氛。

在每一次的约会中,都能把自己最好的那一面表现出来,是两人目前最需要的。因为他们要让彼此知道,自己有多么好、多么在乎对方,无论在什么时候见到,两人在对方眼中都是可爱的;无论一起去做什么,都是充满感动的;无论吃什么、喝什么,都像孩子去游乐园那般的惊喜无比。他们想让彼此看到最好的那一面,让每一次相聚的时光都令他们印象深刻、流连忘返。

为了保持彼此的兴趣和神秘感,他们还不急着太熟悉,因为他们希望挑起对方的兴趣,主动来了解自己。所以,他们不是每天见面的情侣,他们是一个星期计划一次美妙约会的情侣。

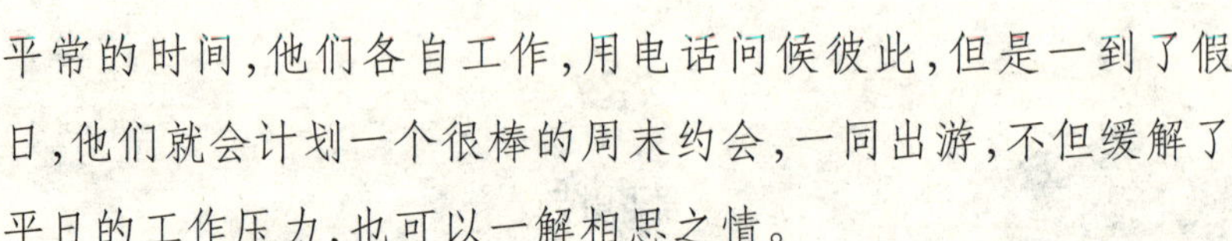

平常的时间，他们各自工作，用电话问候彼此，但是一到了假日，他们就会计划一个很棒的周末约会，一同出游，不但缓解了平日的工作压力，也可以一解相思之情。

在台北市最棒的周末约会无非就是到阳明山、北投共进晚餐，接着就是到大屯山赏夜景，或者到马槽泡温泉。如果有更多的时间，也可以直接开车或者搭乘雪隧客运到宜兰去，在民宿泡泡温泉、尝尝风味美食、度过一夜，清晨醒来更可享受鸟叫虫鸣，沉醉在大自然的怀抱里。

对每一对情侣来说，像这样的周末约会，可是恋爱里的重头戏呢！

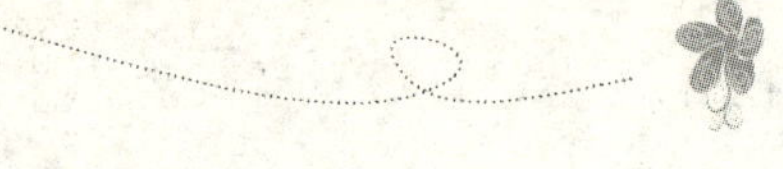

让对方对你更感兴趣

如何让对方点头答应交往之后，能够对你更感兴趣呢？当然就是在这之后，每一次约会都要带给对方惊喜和浪漫。而且，要让自己在对方的心目中是完美且充满新鲜感的。

但是，也不要急着进入恋情的下一个阶段——如亲人般的亲密。这个时候，不需要天天见面，天天见面会减少新鲜感。在两个人感情都还不稳定的时候，减少对彼此的新鲜感可是对恋情的一大杀手呢！

为了对彼此保持高度的兴趣，这个时候要特别注意自己的形象啰！对于女生来说，如果天气不好，还是别出门约会；情绪太差也别答应约会，因为你总不希望才开始和这个男生交往，就露出你歇斯底里、不修边幅的样子把对方吓跑吧？出门前一定要保持好气色、好心情，打扮整齐清新，态度要维持自然。据调查统计，最受男性欢迎的女孩子往往不是那些国色天香的美女，而是让男性感觉自然亲切的女孩子。

对于男生来说，没有万全的计划、完美的状态，就别轻易地提出约会，否则下场是很惨的。我认识一个男孩子，某个周末把心仪好久的女生终于给约出来了，而且也到了用餐时间。结果，女生望着大马路只问了一句话："我们去吃什么？"那个男生当场就傻眼，因为他事先没计划，直说不知道、不熟。女生白了他一眼，对他说："不熟的话，你约这里干吗？难道还要我带路？我也不熟啊！"

有些男生会以为约会的计划交给女性来决定，是一种尊重的表现，那就错了。女孩子当然会希望男生尊重她们的意见，但是，她们或多或少也期待男生会给她们意外的惊喜。因此，男生不妨先行计划，即使到时女生有其他的想法，男生也可以稍微配合一下，可不是叫男生一开始就什么都不想，只等着"让女生带他去约会"，而他的责任只有付钱而已。这种男生的表现会让女生觉得，这个男生很不用心又没诚意，印象自然就大打

折扣。所以，男生在把女生约出来之前，最起码心里要有计划，知道两人等一下要去看电影、出游、去哪里吃饭或者其他安排，请先做好该做的功课，这样就算你的计划很烂，女生也会体谅包容。

一开始交往的时候，这些小细节千万别忽略，因为你需要让对方对你保持高度的兴趣。

周末约会的加温

一提到周末约会，谁都知道，如果只是吃完晚餐后就各自回家，未免太扫兴。可是如果去看一场电影，这段时间也是各自专注着剧情，显然对于两个人的互动也没有太大的帮助。所以，还是计划出游吧！到郊外去走走，远离人群，让两人更贴近彼此，比起在城市里逛街看电影是更好的选择。

不过约会的时间还是不宜太长，长到让两个人撑不住，把自己挖鼻孔、放屁、打呵欠的那一面全都呈现了出来，那就不好了。最适当的时间最多只有半天，而且通常女生的化妆也只能撑半天……

如果女生对于这个男孩子的人格可以放心，那么开车一同夜游会是不错的选择。想想看，在烟雾弥漫的山头，在晕黄的月光底下，这个浪漫指数不用特别花钱营造就已经达到九十九分了。

两个人保持轻声细语的对话，让心防渐渐地解除，通过温柔浪漫的方式更了解彼此。这个时候拉拉小手，可能比起白天的牵手更有触电的感觉。那种感觉很像是在月光下见证彼此的爱情一样。

两个人也可以保持安静不语，一起享受夜里的静谧。

此外，也适合和一大群朋友到郊外烧烤、品茗、夜游，让许多友谊一起炒热这段刚萌芽的爱情，也是很棒的事情。而且，通常两人独处还有点尴尬的时候，通过朋友的推波助澜，往往可以拉近两人之间的感觉。因为在那个时候，你们会感觉到，你们两人在那一大群人之中是独立的一国，有着紧密依存的关系。另一方面，也是趁这个机会让彼此融入对方的朋友圈。

周末约会的计划

只有浪漫的烛光晚餐加上摩天轮或者夜店狂欢，那就逊掉了。这些事情全台北市的情侣几乎都在做，不是情侣的人也在做，做起来就好像是例行公事一样乏善可陈，没有味道。

身为一个男士，如果你的约会计划只是这样子，那我会觉得，你真的一点诚意也没有，因为你以为花点钱打发周末时间就是约会，实在是太不用心了。

其实，你可以从和女生的对话里去发现女生的需求。有些女孩其实想做的事情可能是坐云霄飞车或者高空弹跳，有些女

孩子渴望到坟场去冒险，有些女孩子想去一些她们没有去过的地方。如果男孩子了解女孩子对这个世界的好奇需求，恋情必然更无往不利，相处时可以从事的活动也更加多元化。

大多数的女孩从小都被教导乖乖地躲在家里，哪里也不许去，哪里也不准玩。她们通常被教导在晚上十一点以前回家，最好离家的距离不要超过五公里远。女孩子对这个世界的冒险期待，有时候很渴望能够被另一半实现。她们想去一些没有去过的地方，如果男生可以带她们去并且保护她们，多好！这是许多女孩子共同的心声，而且，通常对男生来说，这可是得心应手的事。

我认识一个女孩，有一天她偷偷地问她的男朋友说："你怕不怕坟场？"男生说不怕。"那这个周末晚上带我去。"女孩子兴致勃勃地说。她后来告诉我那个奇妙的体验："虽然感觉很害怕、很恐怖，可是觉得有他在，很放心。"男朋友也因为有了保护她的经验，对自己身为男朋友这个角色更有自信了。

后来这个男朋友总是带她去她没有去过的地方，而那些地方，是他们第一次留下共同足迹的地方，永生难忘；我也听说过有的情侣约会的主要活动，是一起去图书馆温书，或是一起去公益团体担任义工，或参加文艺讲座、欣赏表演艺术，这些不也很有新意？

花点心思，把周末约会变得更不一样吧！别老是想着逛街、看电影,到路上人挤人地打发时间。男孩子可以带女孩子去一些她们平常不会一个人去的地方,相信会让两个人的感情更加甜蜜。

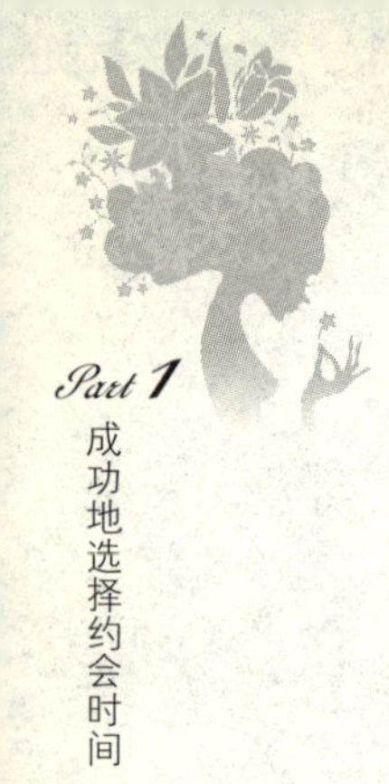

第五技

睡前的电话约会

阿德和小宜已经交往一阵子了。他们平常的时间除了见面之外,最重要的就是,睡前的一通电话。

如果哪天没有见到面,睡前的电话刚好可以分享彼此当天的心情,倾听对方的苦恼和思念;如果哪天有见到面,他们还是习惯睡前打电话给彼此报平安,说一句“我爱你”。简单的对话,小小的步骤,把两人的感情变得更甜蜜了。

小宜说:“那种感觉就好像两个人不只是走在街上演给别人看的情侣,就算各自回到了家里,也还是惦记着彼此。不管约会再怎么浪漫、再怎么甜蜜,结束的时候总是有那么一点失落感,有那么一点不舍。如果两人一忙起来,两天没见到面,又没有接到对方的电话,就会觉得约会好像是在做梦,约会完之后,彼此各自回到家,又是互不相干的两个人了。”

这个电话也不是查勤或是不放心,只是想让对方知道,每天晚上入睡之前,我一定会想到你。

不必见面的约会

约会不一定要把两个人搞到人仰马翻。基本上,只要是对两个人感情进展有帮助的活动,都是重要的约会。

对于一开始的约会,需要保持最佳状态面对彼此。约会更是一件麻烦事,不但气色要对,脸色要好,衣服要精挑细选,妆要化得仔细,活动也要安排得精彩,才能让两人更快沉浸在恋情中。

可是对于忙碌的现代人来说，不但气色好的时候很少有，情绪也常受到工作干扰,除此之外,能空出一个时间来更是不容易。有的时候,一个星期计划一次周全的约会都不一定办得到,更不要说天天约会了。

虽然我们可以借由午餐约会或者晚餐约会来加长两个人见面的时间,培养感情。可是如果实在抽不出空来,连这一点点时间也很困难,那么就用最传统的电话约会吧!

电话约会比 MSN 或 QQ 约会来得好的地方在于，电话约会可以听见对方的声音(当然啦,如果有网络电话约会,甚至视频约会,就连电话费都省下来了),知道对方真正的感觉是

什么,而不是只有通过需要靠自己想象的文字。

情侣之间的沟通,越直接越好,不要有太多猜想或揣测,能够以最简单的方式取得彼此的信任是最好的,最有助于感情的发展。

如果非要碰面才能够沟通感情,那对现代人来说,也实在太难过了。约会必须符合两个人的时间需求,又是非约不可。在无论如何都想要跟你有接触的原则下,我们可以没有碰面的时间,但是通过电话讲几句贴心话的时间总有吧?

对于刚进入状态的情人来说,睡前的一通电话无疑是颗定心丸。第一,你会知道对方刚结束了一天忙碌紧张的生活,他要休息了;第二,你会知道在一天结束之后,他最想听见的声音是你的,也想知道你是否平安、心情愉快,有没有想念他。

即使不能参与彼此的生活,也要参与彼此的心情

许多恋人天天见面,可是不一定真能成为彼此心灵的一部分。许多夫妻结发一辈子,却不见得知道对方的心里在想什么。

所以,即使没有时间常常见面的恋人们也不用太怨叹,因为见面时间的多寡,不必然就决定了两人之间情感的好坏,最重要的是,要用心体会对方的心情和生活。如果没有这一层的用心,那恐怕相处的时间再多也是枉然。

如果实在没时间约会也不要紧,请记得用电话关心对方。

现在的通信网络那么发达，如果真的忙到连一天一通电话的时间都没有，实在说不过去，也不应该。如果你很认真地想要经营这一段感情，就一定会每天把对方放在心上，知道他今天遇见了什么，对于生活有什么新的看法。你知道吗？每个人每一天都是在改变的状态中，可能因为遭遇一件事、听见一句话、看见一段文字，就足以激发一个人新的态度和转变，身为恋人不能不跟上这个脚步。总不可能当对方的想法已经进入火星的时候，你还用山顶洞人的那一套在和他交流，这样久而久之，你听不懂，对方也听不懂，渐渐地就会造成恋情的破裂。

对于爱情，我们要亦步亦趋，跟从对方的转变，做好自己心情的调适，也更加了解对方的需求。能够做到这一点，相信无论世界变成什么面貌，你都能够成为最贴近他心坎的那个人。

与其每天见面打发时间，形式却一成不变，也不知道到底要做些什么，不如放多一点心思关怀对方的心情吧！当你完全掌握住他的心情变化，你就必然能成为他最重视的那个人了。

计划风雨无阻的电话约会

建议每天晚上睡觉之前，全身放松，心情也放松，冲一壶清爽的花草茶，一边品尝，一边打电话给恋人。这个时间，自己的神经已经放松了，感觉清爽，最适合和别人在电话里絮语。记得，打电话给恋人之前，一定要保持最愉悦的心情。请把白天工

作时的一切不愉快全都丢到九霄云外，别把白天紧绷的情绪带到这里来。你知道吗？如果你们约会的时间已经少之又少，那就更应该珍惜每一次见面、每一次谈话，让对方每天期待着和你通电话，因为那是最棒的你，以及最棒的他。你们此刻再也不是被老板剥削、被客户欺负的芸芸众生，你们是彼此眼中疼惜的对象。

多把话题围绕在对方身上吧！因为你的目的是为了让他感受到被关怀，而不是只把他当成接收情绪垃圾的垃圾桶。请你收起三句当中就有两句“我我我”的发语词，别把整个话题都围绕在自己身上，好像你只是在找一个陪你一起关怀自己的人。当一个好恋人，不应该这么以自我为中心。

关怀对方，让对方感动，进而让他主动关怀你，这是爱情的运作方式。你需要先付出。

Part 2 成功地选择约会装扮

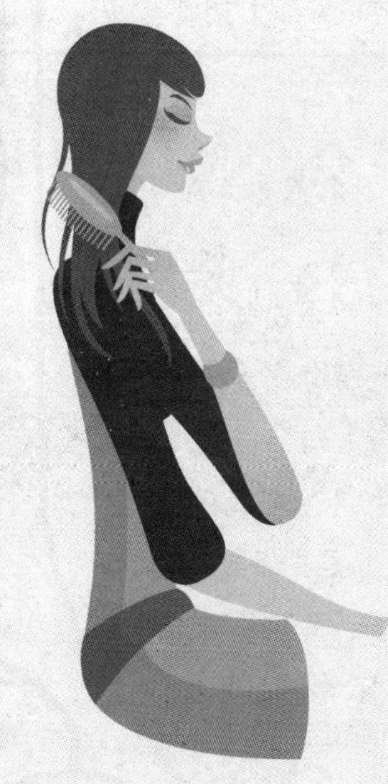

第一技

不要过度打扮

很多人都以为约会一定要把自己打扮得明艳照人、潇洒有型，才能够紧紧吸引住对方的目光，但事实是，过度打扮的结果，吓到对方的概率比吸引对方的概率来得高。

我认识一个女生，在终于能够和心仪的对象约会的那一天，特地跑去买了一件粉红小礼服，准备和朴实的他去逛街。她盛装打扮，身材也是玲珑有致，问题就在于，那件小礼服，如果是去法国餐厅或是参加晚宴，有车接送，看来还得体一点，但怎么样都不可能是逛街时会穿的衣服。

这个穿着小礼服逛大街的小女生，简直是把男生吓死了。

所以，我们千万不要活在自己的世界里，不需要做过度的打扮。我们应该根据约会对象的个性，来决定自己的装扮，而且一定要是符合基本的时尚品味，千万不要做出穿着小礼服逛大街的糗事喔!

对约会对象的不同类型,也各有需要注意的事项,建议如下。

年轻的约会对象

如果约会对象是年轻女性，男生把工作上的那种严谨的装扮带到约会场合没有关系，你真的没办法特别抽空去换便服。年轻男性专业的形象通常会为自己的魅力加分,而且洗练的社会经验也是年轻女性所崇拜的特质，所以不必刻意换便服。

如果约会对象是年轻男性,那么女生所选择的装扮就要轻松一点,穿牛仔裤、T恤,比较能展现年轻的气质,也不会让人有压迫感,可以很轻松地约会。上班族的装扮形象会给男人压力,女性在装扮自己时应该尽量避免。

年长的约会对象

如果你和约会对象一样都是较为成熟的人,大约是在三十岁上下,这个时候对于品味就要更注意了。因为你这个时候的装扮表现，已经可以很成熟地被看出你整个人的稳定度和个

性，也可以展现出你对这个社会的适应性。听说凯蒂猫产品最大的消费族群就是三十出头的女性。当然，女人一辈子都是天真烂漫的，凯蒂猫产品也一辈子都适合女人。不过，除非你的长相真的一点都看不出岁月的痕迹，不然第一次约会请尽量避免把自己打扮成凯蒂猫的样子，那会和你的装扮显得格格不入。两个人相处久了，对方已经觉得不管是怎样的你都很可爱，那就无妨，可是千万不要让你第一次约会的对象感觉，你和整个现实脱节了。

男孩子更是如此，宁可把自己打扮得老成，也不要做出那种阳光男孩的样子，背着运动款的背包去和女生约会，那只会让女生感觉很错愕，觉得这个男生不是童心未泯，就是还不想面对自己年龄应该承担的社会责任，她对你的感觉会大打折扣。

拘谨的约会对象

面对比较保守的约会对象，女孩子千万不要以辣妹之姿展现在他面前，至少第一次约会不要这样做。如果对方的观念很保守，对你的第一个印象就会很差，可能直接就认定了你是某种类型的女孩。同样的，男生也是要选择衬衫西装裤这类的打扮为宜，看起来稳重可靠，更能贴近女孩子的心。

时尚的约会对象

如果你的约会对象是对时尚潮流很敏感的人，那么你的装扮就算不能追上名模的脚步，也不要出太大的差错。不要出差错很简单，只要看起来顺眼就好了，顺眼的标准就是适合你自己的装扮。像有些男孩子的个性就很随性，那么他就不适合绑手绑脚的装扮；而有些男孩子的个性很拘谨，你却硬要他顺着时尚潮流走，把衬衫少扣一个纽扣或是赶着混搭风潮穿着前卫，对应他的气质显得格格不入，自然就失去了自信的魅力。有些女孩明明就是个性温和，却为了展现身材穿了比较暴露的衣服，就会和她的气质不搭；有些女孩子头顶上是劲爆的发型，下面却中规中矩地穿着针织衫和长裙，怎么看都不顺眼。

俗话说，佛要金装，人要衣装，并非只有华服或名牌才能让自己看起来更漂亮，而是如何正确地穿适合自己的衣服，衬托出自身的特质，让自己看起来更顺眼。

第一次约会，我们的自我要求不需要到惊为天人的地步，但是一定要顺眼，让人一眼就觉得这个对象看起来令人很舒服，这就是跨出成功的第一步了。

第二技

关于鞋子的选择

鞋子的选择当然要搭配衣服。不过，能够搭配衣服的鞋子款式也非常多，我们有一个准则要遵循，那就是以好穿、好走为原则。

有些女孩第一次约会时，可能兴奋过了头，就跑去买一双新鞋子，结果因为是新鞋子，反而让自己走起路来很痛苦，因为脚还不适应那双鞋。如果在约会的过程中，你的脚不断地用痛觉来向你抗议，相信你的心情也好不到哪里去，更不要说把自己的美好展露无遗，因为你时时刻刻都在想着，什么时候才能把脚上的那个累赘去除掉。

选择一双你穿起来很舒服、又很适合当天装扮的鞋子就好了，让你在约会的时候，可以尽量地放松，至少脚步是放松的。这么一来，不管你们要去哪里约会，你的脚都不成问题。

更何况，其实大多数男生的观察并没有那么细致，他们其实搞不清楚一双鞋子上头有一朵花跟有一只蝴蝶有何差别，所以，不必刻意去买一双新鞋来约会。

还有，如果你约会的对象身高没有175厘米以上，请尽量别穿太高的高跟鞋，甚至让自己看起来很像姐姐带着弟弟，否则这种约会的感觉会很差。我认识的男生大多不喜欢自己的对象穿高跟鞋，这除了自己的身高问题以外，他们对于女孩子走路的方便性也是倍感压力的。我的一个男性朋友告诉我，每次他和他的对象约会时，他就对于她脚上的那双高跟鞋充满压力。因为，“看到就替她觉得很不舒服，那么高，走起路来一定很难过”。

如果希望两个人的约会可以轻松自在，就一定要特别注意鞋子的问题。男生也是一样，别特地去买一双新鞋在约会时折磨自己的脚，结果原来你可能拥有跑马拉松的体力，却被这双鞋整得不成人形，大大挫败了你的形象。

当然也很忌讳穿着球鞋去约会，除非你还是在校园生活的青年男女，否则穿着球鞋去约会，会令人感觉很没有诚意，也很不尊重这个约会，特别是有些人的球鞋还是脏兮兮的，令人感觉很邋遢。你当然也不必一定要穿着亮晶晶的皮鞋去约会，而可以选择轻便的休闲鞋，现在很多的休闲鞋都强调兼具造型美和舒适感，穿起来轻松又不失礼。

第三技

关于服装的选择

约会时最在乎的是，两人的心情都很放松，才能拉近两人的距离。但是，又不能对于服装毫不选择，把居家服都穿了出来。服装的选择应尽量选择简单不复杂的款式，不要让人看得眼花缭乱。男孩子是如此，女孩子更是如此。女孩子通常会把约会当成是自己展现新装的好机会，于是就把自己买了好久堆在衣柜里的那些漂亮衣服拿出来现宝。很多漂亮的服装造型都太繁复，例如：蕾丝花边的、多重层次的、配件很多的、设计师不规则造型的设计、太抢眼的、太华丽的那些衣服……不但穿的时候很复杂，而且会让你看起来像是一件艺术品，而不是容易接近的邻家女孩。

就是不容易接近这五个字，要谨记在心。听过很多男孩子说，他们要求的对象不需要长得美若天仙，可是一定别像个冰山美人一样，让人难以接近。大多数男孩子要的，是一个能够真心对待、相处起来毫无压力的女孩子，反而不是那些橱窗里美丽的模特儿。如果你把自己穿得太复杂，太突出，和街上百分之八十以上的女生都不一样，就会让人有距离感，不敢接近。

接下来要说的是，太复杂的衣服会让你坐也不是站也不是。有些衣服的设计就是紧身，那完了，你们出去约会可能连喝个饮料都不行，更别说是吃饭了；至于要去游乐园等肢体运动比较大的地方，你还是不能，因为你担心弯个腰，肚子就会跑出来，而你想要维持身材火爆的好形象，或是担心春光外泄，一路上小心翼翼，自然就游兴全失；有些特殊材质的衣服虽然看起来很炫，穿起来却像宇宙飞行服一样闷不透风，不舒适的感受势必会影响穿着者的心情。将心比心，你认为这样的约会对象和气氛，能够自然得起来吗？当然是不可能的。因为你紧张，别人就跟着紧张；你担心，别人就更担心你。

配件太多也很麻烦，走起路来叮叮当当的，男孩子会觉得你的负担好重，也会心神不宁。

其实，约会不需要把自己打扮得像女神一样，过度复杂的装扮只会让人不敢接近。如果你可以把和朋友逛街的简便装扮穿出去，就很符合约会的标准了。而且，那就是原来的你，最真实的你，会很自然也很可爱，别把这个最珍贵的部分给抹灭掉了。

男孩子倒是可以比较隆重一点。男孩子过度的隆重总是比

过度的随便来得好。第一,男孩子不管再怎么隆重,他能够变化的衣服就只有那几种,不会唐突到哪里去;第二,男孩子越隆重,就越展现得出他在这个社会上生存的气势和优势,而这个,就是吸引女孩子的关键。

已经踏入社会的男生,要尽量避免第一次约会穿着牛仔裤、T 恤出现,因为女孩子不一定和你一样都认为这样的打扮自然又轻松,她们的第一感觉可能会认为你可能在社会上混得不太好,而兴趣大减。

但隆重归隆重,请别在身上带一大堆不值钱的配件,如果你实在没有特别值钱的配件,干脆干净一点地出现在女孩子面前。就算你还在校园里生活,也不要戴一大堆不值钱的配件在身上,那些廉价的东西降低了你的身价,搞得自己像贪小便宜的家伙。还有,不要老是把手机挂在裤腰,好像机在人在、机去人亡一样地顾着它,这会让女生对你印象不好,好像你是随时都在等电话,不管是不是重要的电话,反正你就是很需要别人打电话给你的样子,这也会让女孩子有一种你实在混得很不好的感觉,或是觉得你根本就是想借着其他人的来电而脱身。就算你是一个日理万机的大人物,也不要表现出他人因为找不到你而闹出人命似的。一个男性应该要有天塌下来也不怕的泰然自若,不需要为了一通电话而紧张兮兮。

除了手机之外,请尽量避免在裤腰挂上任何东西。我以前见过一些男生真的很惊人，一出现就是人未到声先到，因为就是一个移式的挂勾向着这边走过来，身上的铁制品、钢制品、手机钥匙等物品，都在他们的身体上摇晃，有的甚至会闪啊闪的发光，把自己搞得像一个人体灯笼。千万不要这样，把它们统统都收起来吧！别把那些东西看得比你们的命还要重要，这可会令女孩子大失所望呢！

第四技

关于发型的选择

拥有一头乌黑长发令女生神往，可是如果没有梳理，披头散发看起来就很狼狈。如果你非要披头散发出现在约会的地方，请一定记住，要保养好你的头发，让它柔柔亮亮的，而且上点定型液，让头发看起来像是一整面的波浪，或者是一整面的镜子，这很重要，因为会令人想要亲近你。

披头散发不是追求自然的表现，而且根本就是懒惰的借口，那只会让男生感觉你很懒惰，懒惰到连自己的仪容都不重视。同时也是一种不在乎约会对象观感的行为，随随便便就出门，而且看起来还很没有精神，万一肩上还飘屑如雪，那还真让人倒尽胃口。

也不要把头发染成太奇怪的颜色，这会吓倒路人。如果连路人都会被吓倒，就更别说你的约会对象了，而且也会让他觉得跟你一起在街上，是很丢脸的事。

能够把头发扎成马尾是最方便的，看起来也比较利落干净。这样一来，你就不必担心吃饭的时候有着不请自来的“发菜”佐餐，或者摇头晃脑的时候，身旁的人恐惧突然飞过来一堆头皮屑，大家都可以得到很高的安全感。就在不久前才传出某工厂女员工的一头披散长发被卷进机器的危险事件。出于礼貌，出于安全，扎起头发绑个马尾、挽个髻，再插个你喜爱的发饰，不仅看起来清爽，也备添风韵，微露的粉颈也令人产生美好遐想。

除了绑马尾，秀气的公主头也是很好的选择。那会让你的约会对象感觉你是一个温婉体贴又端庄的女孩，就和他梦想中的公主是一样的。

男孩子的发型最好就像个男孩子，自然的短发最好。如果你一定要留长发出现也可以，但一定要比照女生保养的程序乖乖做，不然的话，给人的负面感更多。

大多数的男性出门前都会抹上一点发油，而有些男孩子习惯把自己整头都抹油，或者用太多定型液，不管好看不好看，最重要的是，那个味道还真是令女孩子不敢领教。男生在约会对象的面前要尽量以不打扮为原则，要让女孩子感觉你是个正常而大气的男孩子。也许工作的时候，你需要把自己搞得非常有专业感，但是约会的时候，请尽量忽略掉你的头发，男生如果在发型上大做文章，会给人感觉很不自然，也很没安全感。女生会

觉得，这个男生这么专注打扮，到底有没有打拼赚钱的冲劲呢？

因此，男生的发型一定要干净利落，还有，胡茬务必请刮干净，潇洒不羁和落魄邋遢有时只是一线之隔，况且你也不希望好不容易可以一亲芳泽的关键时刻，却发生胡茬扎伤人的悲剧吧！

第五技

关于化妆

不管电视上、杂志上怎样告诉女生，今年春夏最新的彩妆要用什么色系，要如何地呈现眼妆、腮红、口红、指甲油、眼线、睫毛等等，约会的时候，你最好把它们都忘掉。

因为那些东西是给出席重要场合的女性建议，在重要场合中需要把妆画得很周全，才能表示自己对那个场合的重视，连服装也是，反正就是做作到底，盛装至极，才能表现出对于一个重要场合的尊重。

可是这种盛装不需要表现在约会上，因为你不是在走星光大道，也不用靠争奇斗艳搏眼球，况且你的约会对象极可能是你未来的生活伴侣，如果他也是这样的感觉，那么他更看重的是你的生活方式，想知道你是不是够自然、够坦然地面对自己。

再好的假睫毛也是一时的，没有人会想和一个假睫毛相处一辈子。

一个浓妆艳抹的女孩子，无论如何都会给人距离感。曾经有个女孩子对于化浓妆的习惯就是，如果她希望在某一个场合让大家都离她远远的，别来惹她，她就用烟熏妆上场。而近来流行的裸妆，强调素颜却不显憔悴的洁净妆感才是王道，这种妆看起来不会有大浓妆给人的距离感。

所以，化妆不化妆是一个重要的学问，不是在于你要有多漂亮，而是在于你希望给这些场合的人什么看法。

可是话说回来，女生不化妆也是有差别的，至少气色上就差很多。总不能让你的约会对象感觉你气色很差，这也是不行的，谁会忍心拖着病恹恹的女友在外面吹风呢？还是回家休养吧！

最好的约会妆，其实就是一个适合自己肤色的粉底，把自己的肤色修饰得均匀一点，还有脸上的小小斑点，也可以用遮瑕膏去除。接着就是一点点腮红，画出像自然的苹果脸那样淡的腮红。最后就是有点颜色的唇蜜，这样的妆就足够了。时尚家都强调自然妆，可是不管多自然，只要你多画一层就多一点不自然，毕竟我们不是专业化妆师，实在做不到画上了七八层妆之后，还让人觉得很自然。你只要把肤色修饰好就够了，五官不需要再做太多的调整。如果你整个感觉很对自己的味，那就是很美丽的展现。

约会一定要化淡妆，少涂一样是一样，如果你本身的气色够好，其实什么都不需要了。

很多男生都有被浓妆女生吓倒的经验，不一定是化妆前和化妆后，有的时候只是穿着稍加改变，男生就认不出来了。我后来发现，其实男生根本没用放大镜在看女生的五官，他们真的是凭感觉。因此，你应该要让约会对象对你的感觉始终如一，那样子他才会狠狠地、牢牢地把你记住。

Part 3

成功的约会谈吐

第一技

什么事情该说

面对一个刚进入亲密关系的人，很多人一开始都觉得不知所措，不知道该说些什么。因为这个时候说“我爱你”似乎时机未到，说“我喜欢你”感觉上又太做作，老是说天气好不好、你最近在做什么，似乎又很乏味。两人独处的时间，如果有电影可以看，就安静地各自打发两个小时，如果只是吃一顿饭，没有共同话题，那还真是食难下咽呢！

当然，从朋友变成情人的那种，就简单多了，必然有从朋友延伸过来的话题可说，不怕冷场。

可是我们谈恋爱，不只是要找话题，为了谈一场幸福的恋爱，我们需要把一些事情在交往之初说出来，好让两人之间可以进一步了解，更深刻地交流，而不只是把彼此当成打发时间的约会伙伴而已！

不高兴要说

一开始交往的时候，两人都在摸索彼此之间的个性、生活态度、生活习性。虽然我们口头上总是会说，爱就是要包容对方的一切，可是这种漫无目标的包容，往往只有在热恋期，以及盲目的恋爱之中做得到。我们不能期待对方一开始就对我们全盘掌握，知道我们的各种喜好。因为这个部分，需要时间和沟通去了解。约会的过程，就是彼此在摸索这个部分的过程。发现对方身上有自己喜爱的优点，就全力赞美他；发现对方身上有自己无法接受的缺点，也要理性沟通。这是约会重要的目标。

毕竟每个人都是独立的个体，都有独立的个性，也有所坚持，因为这样，每个人才会表现得不一样，在茫茫人海中独一无二地被发现、被看重。如果你是一个毫无个性的人，反而很容易被这个世界忽略。

所以，我们要在恋爱之中保持自己的一些想法，坚持一些坚持，不论是优点还是缺点，在每个人身上都会有，我们不必要急着为对方改变什么，因为也许我们自认的那个缺点，可能刚好是对方所欣赏的可爱之处。但我们有一个责任，就是让对方知道，我们喜欢什么、不喜欢什么，我们接受什么、不接受什么。

让对方知道，不一定是强要对方接受。也许对方是接受的，也许是不接受的，不管如何，在你的这个部分，你就是需要把自

己的想法说出来。你直接委婉地把自己不高兴的事情说出来，让对方试着接受，或是试着和你取得相处上的平衡。

很多事情一开始好得不得了，可是后来总是不了了之，时间快速得像做梦一样。有人说，这就是因为误会而结合，因为了解而分离。其实这种遗憾可以不必存在，只要在热恋的时候把自己完整地表现出来，趁着对方还一头热的时候再想办法调整步调就够了。

即使爱会冲昏头，为了保障恋情日久天长，我们也不能盲目接受所有相处上的不开心。把不高兴的事情都说出来吧！像是你不喜欢喝咖啡、逛街、去网吧、去唱KTV……那都无所谓，请你委婉地表达出你的想法，不要每次约会明明很不舒服，却硬是要强颜欢笑，维持约会的好气氛。如果每次相处都让你觉得很委屈很不自在，可能等到热恋期一过，原本强忍着的事情此刻就会变得难以再忍，所有讨厌的事情也变得更讨厌，连人也变得很讨厌，那就只能走向分手了。

有话就说，尽量沟通，不管令你介意或感到不舒服的事情是多么难以启齿，至少都说出来，看看对方的处理方式是什么。如果他的处理方式是逃避、是忽视，那么你便可以判断出这个约会对象的分数如何；如果他的处理方式是正视并且改善，那么即使你们在未来可能遇到更大的意见分歧，也可能从这个模式开始一个一个处理掉。到最后，你们会发现，你们之间没有争吵，因为你们在热恋之初，就已经训练好彼此处理这种意见不合的问题了。

立场要表明

一段美满的恋情当中很重要的一点就是，谈恋爱的双方要积极培养共识，总不可能一个人只想谈快餐恋情，另一个人却渴望踏入婚姻礼堂吧？如果是这样的话，恋情是不会有好结果的。也不可能一个人很重视家庭，另一个人却希望和对方一起脱离家庭。如果是这样，结婚之后问题会更严重。

许多基本的问题，在交往之初就要说清楚。虽然不一定要一个想法一个想法都交叉比对成功之后，才能谈恋爱，但也不需要过度挑剔，这么挑剔后的恋情也不见得能保障到哪里去。

最基本的问题是，两个人对于彼此的态度是什么？如果两个人崇尚游戏人间，那么 OK；如果两个人都崇尚家庭婚姻生活，那也 OK；最怕的是，一个人抱着玩乐的心态谈恋爱，另一个人却永远在等待以身相许的未来。

像日剧里，男主角一定会问女主角说："请问你，愿不愿意以结婚为前提和我交往？"这个"以结婚为前提"就是立场的宣示，从这里开始的恋情，就是将融入彼此的生活当成目标，进一步了解双方的家庭，顺利的话进入婚姻。如果不是这样的立场，只是希望生活上有个人陪伴，并没有想要结婚的目标，那也

可以互许一段充满浪漫惊喜的恋情，加上一个令人永生难忘的分离。

我觉得特别是对于女孩子来说，更要重视这个立场。以前年轻的时候，很多朋友都说随缘，爱上了谁就和谁在一起，可是往往爱上的人都是游戏人间的风流浪子，她们却相信从浪漫出发，可以得到安定幸福的美梦，当然每每都落空了。等到青春的日子过去了，身旁的追求者渐渐少了，才惊讶一直追求婚姻的自己，竟然花了最宝贵的时间，妄想去把那些浪子征服到婚姻里头来。

等到她们觉悟了之后，才开始有了方向感，这种方向感让她们对于那些只想游戏人间的男人免疫了，目标准确的她们，终究找到幸福所在。

一开始交往的时候，就要让自己的立场很明确。这种立场甚至要表现在对方还在追求自己的时候，在答应之前先考虑这个人安定生活的能力，以及相守一生的诚意，光说不够，还要观察对方的行为。等到两个人开始交往了，也不要漫无目的地陷入恋情的浪漫中，今天浪漫就今天发生亲密关系，明天不浪漫就明天分手，要知道，没有立场的恋情往往会带来痛苦的结果，因为只有浪漫的爱情，你不知道会把自己带到哪一个地方去。

好话要说

赞美对方的细心、温柔、体贴、能力，以及各种他对你所表现出来的优点。

这是两人约会的时候要对彼此说的话。

赞美对方不是为了讨好对方，爱情里不需要低声下气地讨好。赞美对方是为了鼓励对方，告诉他，That's right！他做对了，这就是你所需要的，他这么做会让你非常地开心，也会让你们的约会气氛更甜蜜。这是给对方一个暗示，让他清楚地知道，应该从哪里着手来爱你。

鼓励的方式比起命令或者指责来得有效。对于恋人，请务必保持温柔的态度相待，因为温柔是我们渴望爱情的理由之一，如果没有温柔，爱情也就失去了味道。

我的朋友小玲目前交往的男朋友，可以说是大家都想要的好男人。这个男人的温柔体贴，可说是到了无微不至的地步，令身旁的人好生羡慕。小玲告诉我们，他们从来不吵架，因为男朋友知道她的个性火爆，但是心肠很软，知道在气氛不对的时候让一让她，等到她自己感觉无理，就会闷着头道歉。除此之外，小玲喜欢对男朋友不断赞美，好比说，那个男人只是去接送她下班，这对很多情人来说可能是理所当然到不行的事情，可是小玲一定会露出充满感激的眼神，告诉对方他这样做对她而言

有多么重要，她有多么喜欢他这样做。可是，她不会规定对方一定非得这么做不可。要是哪天她的男朋友分不开身来接送她，小玲也会体贴地自己回家，并且反过来关心对方的忙碌。

不只是接送小玲回家，不管是他为小玲做任何事情，小玲一定是充满感激和赞美。如此一来，这个男人深受鼓舞，久而久之，不管他为小玲做什么事情，他都感觉很值得，甘之如饴。

他变成了我们现在所看到的“好男人”的样子，可是他一开始也许什么都不懂呢！

有些人说，好男人是训练出来的，说穿了，几乎都是接受这样温柔赞美的训练。反过来说，男孩子对待女孩子也是如此，不要急着要求对方要为你做什么，用威胁强迫的态度都是伤感情的，但是你可以说“如果有一天我能吃到你亲手做的菜就好了”、“不管你做什么菜，都是好吃的”，如果你有这等觉悟，那么保证你假以时日，就可以成为每天被另一半伺候得舒服的幸福男人。

不管是男人还是女人，用说好话来增进两个人的恋情，都是无往不利的。下次记得别再使性子了，换个温柔的方式去对待对方，将会得到很棒的效果呢！

第二技

什么事情不该说

言多必失，这句话在恋人之间也是非常受用的。

如果有人曾经告诉你，身为恋人就是要心灵交流，就是要彼此坦诚到底，毫无保留，就是需要像在对神父告解一样地解释自己的前世今生，彻头彻尾地坦诚，没有一丝一毫的隐瞒欺骗，那么，请你赶快忘记这个说法！

我自己也想过，身为恋人的我，可想知道对方身上到底有几根毛、见过多少人、遇过多少事、每一分每一秒的行踪？OH! My god！我不要。我不想要那么累，对于恋人，我想我只要知道对方对待我是不是真诚的（那表示他不会欺骗我的感情）、对方的人格是不是健全的（那表示他不会有一天突然贼性大发，做出一些我始料未及的事情）、对方是怎么看待这段感情的（那表示他不会盲目地深陷恋情又盲目地抽离），其他的事情，我不需要知道。除非出自于关心,否则我也不想知道他一天见了多少客户、几点钟吃饭、过去交往过几个对象、都是些什么人(只要确定他们已经彻底消失就够了)、从小到大的心路历程是什么……对不起,我的心灵负荷不了,我不想要知道那么多。

有些事情和朋友分享就够,对于恋人,不用写万言书交代。因为,既然你的过去他来不及参与,那就请他好好掌握你们的未来即可,如果他为了你的过去而耿耿于怀,成天碎碎念、发癫、使性子,那就请他先好好安定自己的人生,或者找到小叮当的时光机去改变过去。既然他不能接受自己太晚认识你的事实,那谁也没有办法帮助他,请他自己保重。

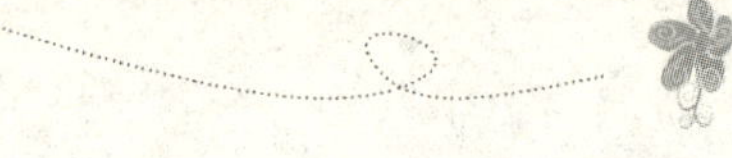

过去的悲哀不要说

有些人,特别是天真的女孩子,很喜欢对新人哭诉自己过去恋情的种种不幸,好像希望可以在这个男人身上找到对以前伤口的弥补,好像期盼眼前这个男人不但要给她未来,还要帮她弥补过去留下来的伤口。她们希望彻彻底底地被了解、被拯救,所以每当新的王子来临时,她们都看成是上帝,非常不理性地想把自己的前世今生来世都依附到这个男人的身上。

当然有些男人也是，通常为了让心软的女同胞们加速激发同情之爱，他们也喜欢把自己的过去说得很悲惨，让他的对象觉得她是唯一可以拯救他的天使、他的守护神，然后达到他们希望进展的程度。

女孩子喜欢给予温暖包容和守护，所以通常男生的哭诉都会奏效，因为那的确可以让这女孩对他更好。可是男孩子怕麻烦，女生对过去的哭诉，通常不一定有那么好的效果。

遇到了对自己有非分之想、有邪念的男生，面临这种哭诉刚好见缝插针，而他们知道女孩子想要听见什么、看见什么，在这种最脆弱的时候，只要略施小计，就可以让她们对这段恋情迷醉下去。

所以有些女孩子通常在经历第一次悲惨的恋情之后，还会有数不清的下一次，就是因为她们太容易把自己赤裸裸地、毫无保留地、脆弱地对可能的对象表达。而对这些对象表达了之后，其中有诚意的男人通常会被吓跑；没诚意的男人才会过来，对这些极为脆弱茫然的女孩予取予求。

为什么有诚意的男人会被女生悲惨的过去吓跑？因为他们面对的人生是积极进取的，他们想要的恋情也是正面快乐的。如果一开始交往，这些有诚意的男人就感觉女孩子背后有一个不健康的阴影，那么为了表示负责，他们宁可不要开启这段恋情，因为他们自知能力有限，他们自知自己既当不成这个女孩

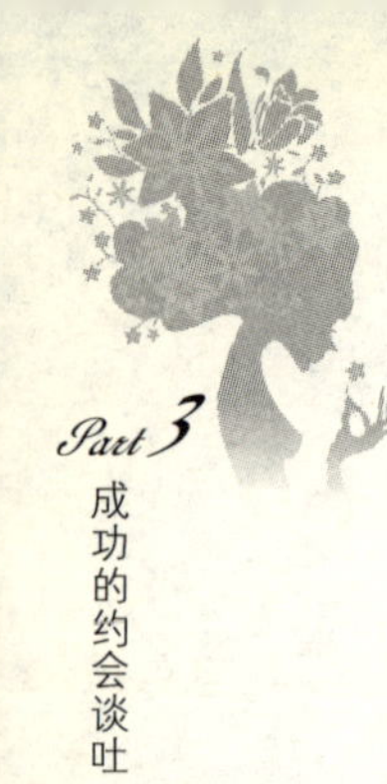

子的上帝，又当不成这个女孩子的王子，因为他们只是平凡且热爱安定生活的男人。

也有些男生会认为：整个故事听完，我只觉得，她是一个笨女人。她不见得爱过过去的那些男人，只是因为太寂寞、太笨，才被耍得团团转。我知道，她其实有点自虐地迷恋那种交往模式。但那不是我要的，也不是我想给的。

其实，每一个人的背后都有一个故事，而且随着年龄的增长，故事的篇幅会越来越精彩，越来越长，有些你遗忘了全部，有些你遗忘了其中一部分，但是对你最有意义的事情则会留下来。什么是有意义的事情？那就是可以促使你活得更好的事情。

在新的恋人面前，别老是把过去悲惨的事情拿出来说。那样会让对方觉得，你始终活在过去，他的存在和爱情对你来说只是过去的一个延续，没有新生的意义。没有人喜欢活在别人阴影里，难道你会想吗？

新恋情有如娇嫩的初芽，每一天都要小心灌溉，因为你巴不得它健康成长，所以要特别小心呵护它。如果你还没有准备好种下这小苗，就不要种，一旦你决定种下它，就请你不要再用过去的悲哀去灌溉它。

前任男友（女友）不要说

特别是一开始还在彼此摸索阶段的人，都很喜欢把前任男友或女友不自觉地挂在嘴边，这种反应其实很自然，因为你就是会忍不住想要前后比较看看，看自己这一次的对象有没有比上一个还要好。我相信每个人在心里都会这样比较，就算不说出来，也会偷偷和朋友比较着。

在背后比较，或者是在心里比较，也就算了，除非这段恋情你已经不要了，否则不要老是把前任男友或者女友挂在嘴边。

因为每一段恋情都是独立的，只要换了人，改朝换代之后，自己的心态其实也要跟着改变。过去的恋情既然已经结束，就应该把它丢到过去的垃圾桶里，不管它再好、再坏，都已经不存在了。拿一个不存在的人，不断地来和现在的另一半比较，根本不能比，因为一般人总会有一种心结，那就是没有得到的都是最好的，这些现任的男友或者女友们，永远比不上那些曾经狠狠把自己甩掉的无情人。

有些人认为要坦承交代自己过去的情史，才算对得起现任情人。我实在搞不懂，把过去的垃圾翻出来，和对不对得起现任情人有什么关系？只要自己是抱着十分的诚意和对方共创未来，交往的诚意就很足够了。至于了解彼此，是从日常生活去了解，而不是从过去的故事中去了解。我们需要了解的，只是对方一直以来的个性、脾气，不是那些专属于某个人记忆的故事。

过去的男友或者女友，在两个人当朋友的时候，还可以拿来闲嗑牙说说无妨，因为朋友之间本来就是无话不谈。可是一旦两个人开始交往，就请把那些过去扫除，让这些旧爱消失在你的眼睛和嘴巴里，只能存在你的心里。因为人是独断占有的感情，容不下其他人。

你说两个人可以理智地谈谈，那是神话，如果爱可以理智到容得下第三者，那么这个爱不是假的，就是不够爱。

伤人的话不要说

不管如何地不满，如何地生气，如何地想杀人放火，只要你还没有决定要踏上分手之途，伤人的话就不要说。

伤人的话包括翻对方过去情史的旧账，这是最要不得的。正常人恨不得对方彻彻底底地忘记旧情人，如果你实在笨到要逼对方想起，就真的太愚蠢了。而且当你提起对方过去式的时候，你的样子会像个凶神恶煞，而他脑海中浮现的旧情人却是美到不行，相较之下，他当然感觉是旧情人好。原本在他的心目中已经快要消失的旧情人，可能因为你这样提起，搞不好反而让他想弃明投暗。

伤人的话包括对方最介意的事情，如果女孩子讨厌人家说她胖，你就别往她的胖上做文章；如果男孩子讨厌人家说他无能，你就别往他的无能上去做文章。每个人身上都有自己难面对的缺点，通常也是自己心头的一个痛，要是有人故意去踩这个痛处，任谁也忍受不了感情上的严重创伤，特别是，如果这个人还是你深深相信、自认坦承以对，而对方应该要很能体谅你的那个人……这么一想，你就会知道，一句无心的伤人话语，对对方的伤害会有多重。

我的朋友在这一段恋情之初和男友大闹分手，分手的时候只是气话说："你只会画大饼说说，都做不到。"结果没想到，这个男友竟然永远刻在心上记住。后来两人复合了，这个男朋友却都把事情做尽、做绝了，做到让她没有空间可以说他只是说说，极端得令人受不了。

这还是轻微的话语，如果两个人说出更严重的话，像是你这个没出息的家伙、或是你这个不知检点的女人、或者是你有没有一点羞耻之心啊……诸如此类的话，一旦说出口了，我会建议，不要复合算了。因为你已经把对方的尊严践踏到了极点，这种破镜难圆，圆了之后也会有裂痕。

请在约会时仔细推敲每一句话，并且记得言多必失的古训。要是心里头真有不舒服，先深呼吸，问自己是不是要为此分手，如果答案是不要，那么就忍着把话吞回去。

真的很生气的时候，如果女孩子的EQ比较低，可以揍对方一拳消气，因为这比伤人的话要好些。男孩子的话则可以冷着脸闭嘴，用态度说明一切。

第三技

什么事情该问

恋爱要进行得顺利，有些事情是不能不问的，因为唯有了解，才有下一步的体谅与包容。

当然啦，如果两人之间的默契可以好到一切尽在不言中，那真是再好不过了。不过，通常默契也是需要时间来培养的，除非两人真的是天生一对。所以进行必要的沟通是成功约会一定要做的事情，有些事情不可以在那边嗯嗯啊啊、挤眉弄眼地老半天出不来，好像一定要让对方猜，一定不想用正确的文字表达，搞得人仰马翻，却一点效率都没有。

有些事情当然可以在那边扭捏老半天，用比较情趣的方式来表达，可是重要的事情可不能这样搞，因为这会误事的。

两个人一开始就要建立自然的沟通方式，这个沟通方式必须是可以明说，可是又不会让双方觉得太扭捏或尴尬的。一旦这个方式被建立起来，日后两人的交往可就更顺畅了。

在你还没摸清对方的性子之前，有些事情不妨直接发问，减少犯错的概率，也减少让对方不愉快的概率，这是美事一桩。

对方是否已婚要问

为什么这件事情要问？因为很多人本来无意成为人家婚姻的第三者，后来莫名其妙变成了痛苦的第三者，就是这件事情没有搞清楚。

在多元化的现代社会里，许多人的观念是：已婚与否，和他要不要继续谈恋爱无关。我认识一位女孩子遇见这样的追求者，交往一阵子之后发现对方已婚。结果对方脸不红气不喘地对她说："是啊，我已经结婚了，可是我还是想要谈恋爱。"

这男人也没有特别伪装欺瞒，只是女生没先发现，他就没特别提起。所以说，在观念越来越多元化的社会里，如果想要谈一段单纯的恋爱，那么对方是否已婚是一定要问的。

而且这种事情不但要问，明察暗访，还要看过身份证、调查过户籍才算数。通常你的交往对象年龄越高，就越得问个清楚明白不可。我认识很多大城市里七早八早就结婚的成功男人，在职场上不但对婚姻状况保密到家，而且还活得一副单身贵族的样子，也不排斥继续和其他女性交往。其中有些还算有格调的，就会在面对这个问题的时候坦白，但大多数已婚男人通常不会如此坦诚。所以对方已婚与否，在交往的时候就要问清楚，不要到最后让愉快的恋情变成痛苦的难舍难分。当然，也有已婚的女性隐瞒婚姻状况和其他人交往，所以男性当然也要问清楚。

对方的金钱观要问

不要认为男人都很大方，事实上，男人比女人更会精打细算。也不要觉得男人在追求的时候一定要砸尽重金才算有诚意，事实上很多有诚意的男人，往往不会在一开始交往就砸钱耍浪漫，反而是在很笃定两个人的未来之后，才会放心把钱花在自己的女人身上。

男士们也要小心再多钱都不够花的败金女，如果遇上了这样的女孩子，那是再多钱也不够供养她的。

谈恋爱的双方能够有一致的金钱观是最好了，如果一个热爱花钱、一个热爱赚钱给别人花，也是好事一件。不过，像这么深刻的了解，通常刚开始约会的时候都看不出来。

我的朋友和她的男朋友开始尝试交往的时候，这个男孩子连一元钱都要和她算清楚，搞得她差点要放弃这个吝啬鬼，不过后来她没有放弃，成为这个吝啬鬼的老婆之后，她掌握了他的经济命脉，他赚的每一块钱都在她的户头里。

你问一个人是吝啬还是大方，当然问不出结果来，谁会承认自己是一毛不拔的铁公鸡呢？所以这种问法就是试探的问法，例如说，你可以说你的朋友买了一套多少钱的东西，看看他对该物的价格反应。除此之外，也可以观察他本身的物质生活、他花钱的方式。有些人表面上看起来很节俭、很低调，事实上他可能对于一种兴趣过度沉迷，愿意为它倾家荡产，如赌徒或是一些搜藏癖，对于这样的对象，我们就要小心了。

对方的感觉要问

你觉得好吗？你喜欢这部电影吗？你今天玩得开心吗？……都是约会时应该要关心对方的问题。

约会不是单纯找一个玩伴来陪你做喜欢的事情。例如，有些男人不爱逛街，他的女友偏爱找他逛街；有些女孩根本不喜欢网吧，可是男友却喜欢拎着她去网吧，然后玩自己的。这些不喜欢，有些人会说，有些人不会说，遇上了不会说出口的对象，为了表示关怀尊重，我们应该要主动问他们。结果可能他们还是不会说不喜欢，你们还是继续进行相同的约会，可是这个小小的关怀，却可以让对方感觉到自己是受到重视的，而不只是陪玩的先生或小姐。

不管做任何事情，能够顾虑对方的感觉，是恋情里头最重要的事情之一。虽然这只是一个小小的动作，却可以让恋人们在约会时减少冲突和不满呢！

第四技

什么事情不该问

不是说为了了解对方,就一定要把对方的祖宗八代都问清楚才行。每个人的心里都有一些不能说的秘密,它可能不是什么了不起的事情,也和任何人都没有关系,可是人家就是不喜欢让这个世界上有第二个人知道。

就算是亲密爱人也不可以。(例如,我认识一个朋友,至今还不敢让他的情人知道他有便秘的习惯。)虽然偶像剧演到最后,每当深情的情人做了让爱侣极为感动的事情时,另一半就会忍不住把秘密抖了出来。有些人以为如果你爱我,你就应该对我诚实,或者是情人之间是没有秘密的。可是,要一个人没有秘密是多么残忍的事情啊!难道我们没有只是单纯要任性、不想让你知道的权利吗?像什么都要问到底这么钻牛角尖,可是会让两个人都非常辛苦呢!

我们在现实生活当中,一定要有尊重别人隐私权的大气。

不要凡事都打破沙锅问到底，因为我们是在谈恋爱，不是在研究学问，感情的经营必须要摆在第一位，会让对方感觉不舒服的事情要尽量避免。除非是涉及两人感情基石的大事情，像是外遇前男女友之类的事情，否则，就尽量少找对方麻烦吧！

情史不必问

对方的情史就好像是又痛又痒的伤口，虽然结痂了，剥下来还是会流血、会痛，可是一般人就是手贱想去剥弄它。

如果要问，当朋友的时候大致了解就好了。对方的情史需要稍微了解一下的原因，不外乎是想知道对方的感情态度、个性，以确定他是不是一个适合自己的交往对象。如果确定了这是自己适合的交往对象，那么就把过去的一切抛在脑后，别再去问了。

不管过去的恋情是什么，对象是谁，总而言之，它已经结束了，变成了过去，再一天到晚把它放在嘴边，还像八卦周刊一样制表整理，没事还画个关系图，成天把数据调出来说说，实在没有什么意义。对方过去的对象再差，已经结束了；对方过去的对象再好，也已经消失了。如果你的好奇心实在太旺盛，可以去看看推理剧，别老是逼着对方把往事拿出来交代。往事不属于你，

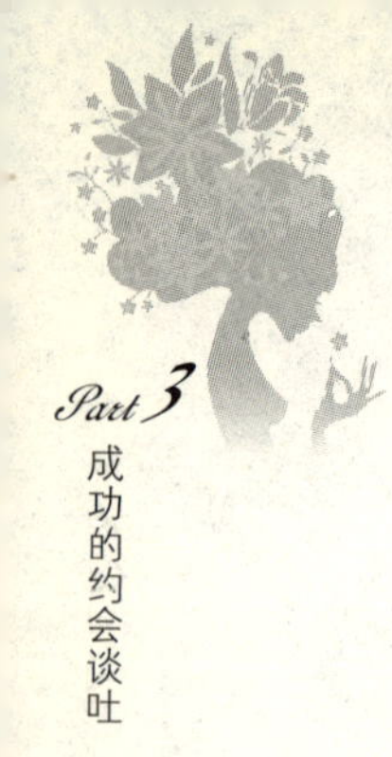

没有什么好对你交代的。

老是问对方的情史，无疑是在提醒对方对于往事的回忆。我们或许只是一时好奇，可是背后的化学作用是很大的。例如，他被逼着一直去回想往事向你交代，难免脑海中会一直浮现过去的那个人，结果你等于是替自己无形之中建立了一个已经消失的情敌，对于自己的恋情当然不利。而且，对方也会觉得，为什么他不能单纯只和你一个人交往，那个已逝的情人为什么老是阴魂不散？别人祈求两人世界都已经来不及了，哪里还有把那些阴魂拉进两人世界的道理呢？

所以，对方的情史不要打破沙锅问到底，你不提、他不提，两个人都不提，久而久之，这个东西就会消失在时间的河流当中，那才会使两个人的恋情当中没有过去的幽魂，真正重新开始。

旧伤口别提

每个人都有不为人知的伤口，对于过去感情的创伤也好，对于自己心里不能越过的一道界线也好，对于自己亲人或身上的小缺陷也好，很多东西都是我们自己不想面对也不想被知道的，这些东西，请不要拿出来问。

不要问的原因是出自于体贴。没有人希望把自己的伤口拿出来给别人看，换来别人或同情、或鄙视、或难过的眼光，这是做人最基本的尊严需求，没有了这个尊严的防护，人就会变得极端可怕。我们要懂得体谅别人的心情，就算是身为亲密爱人，也要有往事不必再提的尊重。

让两个人在约会的时候是轻松愉快的，而不是剑拔弩张，一个进攻一个防卫的，那样的约会才能增进两个人的感情。对于恋人，我们应该要这么地爱他才对。

记住，不要让自己成为咄咄逼人的阳光，要让自己变成恋人眼中和煦的月光。

牛角尖勿钻

有些问题点到就好。

有些男人觉得女人很难缠，就是因为女人对什么事情都不放心，问过的、回答过的问题都要反复询问，好像别人回答好也不行，回答不好也不行。因为问题根本不是在这个事情上面，根本就是人本身缺乏安全感，那种安全感没办法被任何人所弥补，只能靠自己调适。

当然不只是女人，男人也会。因为太在乎，所以特别钻牛角尖。好像对方的行程简单交代过一次还不行，还要详细地询问时间和细节，而交代了时间和细节之后，又觉得不安，还要各处去查证，搞到最后，自己累，对方也累，这对恋情是没有帮助的，还会让对方喘不过气来，觉得你是个危险的情人。很多情人最

后分手的理由都是这个，因为一个小小的不信任，钻出了一大堆不可收拾的问题，可是回头看过来，其实一开始什么事情也没有。问题被捅大了，两个人便不得不分手。

我的朋友小 K 很懂得问题问到哪里就好，他说："有些事情问也是问不出答案来的，要观察。"像对方到底爱不爱自己这种老问题，从平常的表现就可以知道；而且就算问，问到的答案通常也不一定正确。"说了是谎话，不说伤感情。沉默最好"。

另一个女朋友小如则告诉我，她不太过问男友的行踪，原因之一是因为对方会自动报告，他怎么报告她怎么相信。"问多了人家觉得烦。我们一个星期才只有一点点的约会时间，干吗像审讯犯人一样对待人家？要是约会这样搞，迟早会分手的。"小如对我说，她胸有成竹，对于感情，她谨守的原则就是，对方一出轨就是结束了。所以，她选择先相信，但是不要被她抓到一次，否则根本就是没有上诉的机会，直接宣告恋情死刑。

她说这就是爱，能甜蜜的时候一定要甜甜蜜蜜，不要制造自己和对方的麻烦。所以约会的时候，就别太钻牛角尖吧！要知道，人和人之间的相处，需要和谐温馨才能建立起感情；而高压控制，是培养不出感情的！

第五技

吸引对方的谈吐技巧

我认识的朋友们在过去几年经由介绍，认识了一些对象，发生了一些有趣的事情。先说女生们遇见的男生们。那些男生基本条件都不错，而且有高学历，可能是刚开始认识太紧张了，有些人从头到尾保持沉默。他们相信沉默是金，可是女生们却被周遭的气氛冷得快要结霜，出局；有些人一开口就是自己伟大的工作和伟大的理想，以及自己从小学开始优秀的成绩，让女生感觉她们是来听布道会的，而且那个神还不是上帝，是她们自己；有些人把话题围绕在女孩子的身家和祖宗八代，那种感觉好像是在配对之前的身家调查。女生气愤地说："什么也不想回答。"有些男生则是骄傲得只回答女生的提问，把自己的架子摆得很高。

最令人吐血的话题大概就是问女生："你为什么长得那么漂亮呀？"

当然,男生的遭遇也没有好到哪里去了。

收入高的男生千篇一律所听到的问题都是:你的薪水有多少?你的股票有多少?而收入一般的男生所听到的问题不外乎是:你开什么车?你房子买在哪里?这种问题往往让男生们背脊发凉,他们说:"这种感觉好像自己是在砧板上的一块肥肉,肥滋滋地很可口。难道女生都对我们的其他事情不感兴趣了吗?"

我听着这些故事,觉得很可爱也很好玩。相信那些说出这些话的男生、女生们,一定都没有想到自己所说出来的话这么爆笑吧?也许他们的心里并没有那么在乎这些话题,也不是那么觊觎对方的条件,可是一个无心之过,却让自己的形象直接大打折扣,实在很冤枉。

有些人说约会要坦白直接,可是我听到的故事往往是,一开始太过坦白直接的人,都死在沙滩上了。因为对方并不了解他,他就把自己完全、赤裸裸地开诚布公,这样子当然会吓死一堆人了。

如果男生被问到这些问题的时候,可以了解女生其实是因为以结婚为前提要交往的慎重心态,也许就不会那么惊慌;如果女生在被问到那些问题的时候,可以知道男生不过是职业病作祟,因为很多男生一点乐趣也没有,只知道赚钱,所以只有工作上的话题可以聊了。但是,要达到这种包容体谅,是需要时间的。我们在约会的时候，还是要注意一下约会的谈吐技巧，免得恋情才刚开始，就已经把自己的形象破坏殆尽。拥有吸引对方的谈吐技巧，是非常重要的。

吸引女生的谈吐技巧

女孩子喜欢学识丰富、生活经验丰富的男孩子。所以在约会的时候，男生要努力把自己这方面的长处表现出来。

如果你实在不懂咖啡，那就别把女生带到咖啡厅去约会。如果你连拿铁和意式咖啡的差异在哪里都不知道，那还是不要自讨没趣了。首先要做到的是，别把女生带去你一点都不熟悉的地方。如果你不熟悉，如何能将这个地方、这件事情的美好之处向女孩子展露出来。那将注定会是一个无聊的约会，会让女孩子闷到睡着。

精心设计一个约会，不必太刻意，就约到你平常喜欢的、熟悉的地方去。那里可能只是一家不起眼的小餐厅，可是因为你喜欢，你知道这个地方的好处在哪里，自然就可以把它分享给对方，让对方也看见这个美丽的景象。不需要听太多复杂的意见、做太多奢华的准备，只要是你喜欢的、熟悉的地方，就可以迈出成功约会的第一步。

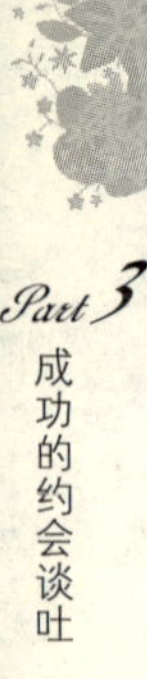

男生最好不要沉默，但是也不宜喋喋不休讨人厌，所以，请注意自己说的是不是言之有物，如果不是，请停止谈论“天气有多好”、“吃饱了没”这种单细胞的话题，那会让女孩子闷到脱妆。如果实在紧张到不知道说什么，就多说些体谅女孩子的话吧！例如，她喜欢做什么事、喜欢什么样的食物、交往着什么样的朋友……当你没话说时，也不要一味谈论自己的工作，好像全世界只有你一个人那么在乎你自己的工作，那么在乎你的芯片是几寸的、你的客户有多麻烦、你的业绩有多难达到。如果你一直都只说自己的工作，会让女生觉得很不耐烦。

多花点心思在女生的身上吧！注意帮她拉一下椅子，帮她把餐具擦拭干净，帮她注意一下洗手间的位置，随时观察对方需要什么，不要等到女生开口寻求帮助就已经把一切准备好，这可是会帮你体贴的形象大大加分喔！

有些人习惯在听到别人说完什么，就迫不及待跟着说：“其实我也遇到过这种事情，那个时候我……然后我……结果我……”像这种掏心掏肺的真诚可以感动天，却感动不了女孩子，因为她会觉得你只想到你自己，总是不自觉地把话题引导回自己身上。所以，不管遇到任何话题，请尽量不要只想到自己，反而要体贴地问：“是吗？那你当时一定很沮丧吧，毕竟你是这么地看重他……”如果男孩子约会的时候可以多把谈话的焦点放在对方身上，必然会让对方感到十分贴心。

此外，所有问题点到为止。你知道，面对一个刚认识的对象，你们需要时间来了解，而不是从问答题上来了解对方。如果一开始你就试图把对方的祖宗八代都问得清清楚楚，要人家毫无保留地说出来，那是非常唐突的，也显得你这个人既急，又不温柔。在进行配对之前太多的询问，女生会觉得没有受到尊重。有很多男生坚持速战速决，问完速配问题，马上决定要不要继续交往下去，一旦女生露出犹豫态度或是先婉拒，男方就“谢谢”、“再联络”，直接闪人，将心比心，这种感觉应该没有人会感到舒服。男生在面对约会的谈吐技巧上面，最要把握的两个原则就是体贴和尊重，如果达到这两个要求，那么恭喜你，你已经可以营造一个很棒的约会啰！

吸引男生的谈吐技巧

吸引男生的谈吐技巧没有其他，就是要温柔。现代女生在约会时最大的败笔就是，希望无时无刻不表现出自己美丽又聪明的一面，却忽略了温柔这个重点。问题是，聪明是表现给老板看的，美丽是表现给街上那些芸芸众生看的，我们表现在情人面前的重头戏，则非温柔莫属。

美丽的女人让男人心动，可是温柔的女孩才会让男人有所行动。因为女人的美丽是属于这个世界的，可是女人的温柔才是专属于他。为了这种独有的温柔，男人甚至愿意付出一切去

拥有。

不管你是装出来的还是真心的都无所谓，男生就是要温柔。他们平常的生活已经够严肃乏味了，说真的，没有人希望找一个女朋友继续和自己谈论政治思想，做这种可怕的脑力激荡，这对男生来说真是恐怖到不行。不管你再怎么抗议，都解决不了男生在爱情里对温柔的大量需求。他们平日被呼来唤去已经够累了，根本不想再听到另一个人来指责他的作为和想法。

所以，无论你是多么优秀的才女，在约会的时候就别再聪明了，放松一点，把那些了不起的想法都抛在脑后，认真地面对生活中的恋情。这个恋情需要的是你去灌溉它，所以需要感情和温柔。

女孩子可以多聊自己一点，可是别把自己从头到尾一丝不苟地交代清楚，男生可是没有耐心听的。更不要主动提起自己过去的感情，除非对方问起，才轻描淡写说一下。主动提起过去的感情，会让男生有一种压迫感，感觉你急着要借新恋情翻身，你是超级需要谈恋爱的。

我的朋友小仲说起他有一次和女网友约会的经验，她一直说她自己行情多好，有多难追，有多少人追求她都不要。小仲说："整个听下来，我只觉得她希望我去追求她，不然她干吗硬要在这个话题上打转？"

别以为男生都很好骗，事实上，他们对于一些细微的心态很了解，只是装傻而已。女生最忌讳交浅言深，那会让男生感觉这个女生很随便而且很寂寞，因为她竟然对一个不熟的人也能把自己剖析得这么彻底，那是不是也很轻易就能对其他人流露感情？

所以，聪慧的女子要让对方知道，自己不是一个没有心防的女孩子，要懂你进而得到你的信任最后赢得芳心，他需要多花一点心思。除此之外，女孩子约会的时候，说话也不适合太豪放，把性爱和黄色笑话挂在嘴边，也许自己不觉得如何，可是要考虑到对方的感觉，因为不是每个人都听起来很顺耳的。永远要记得，含蓄和温柔，是女人最美丽的法宝，也是最适合面对约会的态度喔！

Part 4

成功的约会技巧

第一技

约会到底应该谁出钱

无数的男孩子都抱怨过，他们只要跟女孩子出门，感觉上就像是付款机，只要出去一趟荷包就扁了下来。可是他们又不能不付钱，不付钱的男生给人感觉太小气，自己觉得没面子，对方也觉得讨厌。

“为什么男人那么可怜都要付钱？我们赚钱又没有比别人轻松。”相信这是很多男生的心声。

许多女生约会也有所抱怨，不是抱怨男生不付钱，就是抱怨男生付的钱不够多，出手不够阔绰。“通常第一次约会如果是这种小气的局面，我就提不起劲来跟他继续约第二次了。”一个女朋友这样说。

有些游戏人间的男人花钱很阔绰，但他们的爱情通常只维持到达到目的的那个时候就停止了。“因为，这就是我们愿意花在这份爱情里的所有预算，花完了，那就够了，再见。”这是那些男孩子们的心声。他们不会抗议女孩子吃饭要他们付钱、到哪里都要他们付钱，因为他们的心里有数，他们必须这样做，否则不能轻易把女孩子追到手，花钱对他们来说，比起用心经营感情还要容易一点，所以他们乐于以罗曼史男主角的表现为标杆，撒钱换爱情，营造出多金又浪漫的白马王子形象，令女方意乱情迷。

也不尽然所有女生都爱花男生的钱，至少很多经济实力都不错的、对自己有自信的女孩子就不会这么想。她们自认为要和另一半平起平坐，追求各方面的男女平等。

约会应该要花谁的钱，在一开始的确是一种艺术，更是一种智慧，直到两人相处的时间久了，彼此渐渐有了默契，那个时候，金钱的分配就不会再是一个问题了。

初次约会要花男生的钱

就算这是山顶洞人时代的说法，但还是非常受用的道理：付钱代表一个男生的诚意和能力。

理由是，不管是山顶洞人时代的男生，还是火星时代的男生，整个社会体系和男生的本性都是一样的，付钱对他们来说是给自己面子，表现出他们优秀，有能力照顾别人。

所以，当男生反过来花女生的钱，就会被这个社会说成小白脸、吃软饭。男人当然是不能吃软饭的，他们得吃硬饭，要靠自己去挣得一席之地，而不能活在女人的羽翼之下，凭着讨好女人活下去。

自古以来，男人的本性就是要不断展现自己各方面的能力，包括生理、经济、社会上的能力，唯有展现这些能力，把自己的水平表现出来，这个男人才有资格在整个父权社会被认同，他走出家门，人家才会用正眼瞧他，不会鄙视他。这是整个社会体制的问题，只关于雄性本身的生存游戏，其实和女人一点关系也没有。更何况，能够选择到什么样的女孩子，对他们来说也是展现能力的一部分。所以，我们现代这些进步神速的女人一定要很清楚，父权体制一点都没有改变，让男人付钱是给他面子，是看得起他的能力。

如果你遇见了一个表明追求你并且要和你约会的男生，初次约会竟然要和你平均分摊开销，那么这里要非常诚意地建议你，这种约会就不需要有下一次了。因为这个男生已经超越火星时代，活到黑洞时代去了，你们之间不适合。

第一次约会就是表达他对于追求对象的态度。面对自己喜欢的人，当然无论如何都要把自己最好的一面表现出来，好让自己在对方的心目中占得一席之地。所以，一定要打扮认真，而且一定是要展现不凡的谈吐。最重要的是，一定要展现自己可以照顾别人的能力。如果这个男生不付钱，我们只能说，他可能还不清楚这个社会生存的游戏规则，迟早要被淘汰出局，要不然，就是他根本没有要照顾自己喜欢的人的诚意；再不然就是小气，还在观望他能从这个女生身上得到多少，才决定真正付出。

女孩子在第一次约会时不要太过逞强，坚持要各付各的，除非你对于这个对象一点都不感兴趣，也不打算有第二次约会，那么就付钱吧！表示你和他是平起平坐的朋友，永远不会成为需要他照顾的女人。如果你对这个对象还有那么一点兴趣，请务必给他表现的机会，让他用行动来证明他的诚意。这个行动不是为了要贪那一顿几元的晚餐，只是为了训练他对自己要追求的对象有负责、照顾的能力。第一次约会往往决定日后恋情的顺畅与否。

我认识一个女孩子，就是不爱让别人付钱，不管对于男朋友还是其他友人都一样。一开始男孩子带着满满的诚意而来，她拒绝给对方表现的机会，一定要自己付钱，甚至自己掏钱请客，久而久之，男人习以为常，这种由女方付钱的习惯建立起来，从此以后，女孩子不管遇到什么事情，她的男朋友一点都不担心，也不觉得需要帮助她解决，理由只是因为：反正她的能力比我强，她不需要我。是的，第一次约会让男人付钱，就是要建立起你需要他的感觉，有了这种感觉之后，男人谈起恋爱来才

会有感觉，因为他不只是在谈恋爱，他是在照顾一个女孩子，给一个女孩子幸福，他的责任重大而且地位重要。

约会频率正常之后要共同负担

事实上的情况是，现代女性的经济能力真的不输给男性，这样一味地把对方掏空，好像也不是正确的做法。

甚至当两个人要走进礼堂的那个时候，花谁的钱其实也没有很大的差别。有些女孩子期望能有奢华浪漫的婚礼，钻戒要够大、排场要够大、面子要够大。如果对方可以满足她们这一点虚荣感，她们就觉得对方好爱她们。这是年轻女孩子的想法。一位广播名人对我说，她年轻时得到情人的礼物就好开心，后来情人变成她的丈夫之后，他说要买钻石给我，我都觉得浪费。因为这个时候，她的丈夫已经把经济大权交给她了，就算花的是他的薪水，她的感觉还是很痛，总是想着这些钱可以拿来做点更实在的事情。毕竟，信用卡在我手上，到时候欠费也是我去交，根本没有什么收礼物的那种心情嘛！如果女孩子可以把眼光放远，就很容易看得清楚，除非你不打算跟这个人结婚，否则，现在的每一分奢华，其实都是出在自己身上。因为这些金钱可能在未来为两个人的房贷、车贷省下不少力气。除非你的对象真的很富有，那就可一直花费他的，把自己的那部分存下来当成私房钱。如果遇上了这样的金龟婿，当然是再好不过了。不过遇上金龟婿的概率太低，大部分的男人都是凭着薪水养家糊口，贫贱夫妻事哀就是这个道理，所以女孩子还是得稍微分担一下结婚对象的经济压力，才能让两人生活愉快一点。

所谓的共同分担，其实也包括共同节省。两人的关系走向更亲密阶段的时候，应该要打算的是共同经济，而不再是谁花谁的钱之类的问题，因为一旦成了夫妻，没有道理对方很贫穷，自己却过得很好。

女孩子有共同分担经济的能力，才能让月收入不过三四万元的男人对未来幸福更有希望，不会觉得再怎么努力总是一个人面对着无底洞，这对两个人的生活很有益处。

当然，女孩子也不需要做到太平起平坐，非要分担到二分之一不可，那也太过火了，不需要如此谨慎，只是需要适时表现你能力所及的就好了。我们好歹还是得让男人随时感觉，他们是真的有照顾到我们。

第二技

第一次约会时间不宜太长

所谓孤男寡女在一起的时候，双方情欲作用的化学反应，还是比纯爱的感觉来得强烈一点。

许多感情走得太极端，往往在一开始燃烧得很热烈，而这个热烈的程度就会随着新鲜感的减少，而走向快速急冻，这也就是为什么这个城市充满快餐爱情的原因。

城市里的男男女女都很寂寞，如果好不容易找到有意思要交往的对象，就像抓到一根浮木一样，什么状况都还没有搞清楚，只知道有恋爱可以谈了，就赶快照着罗曼史小说按图索骥给它谈下去。于是，短短的一次约会，就可以从认识到牵手、从牵手到亲吻，从亲吻开始进入深层次接触。

为什么说两个人的身体太快进入亲密关系，就会导致恋情提早寿终正寝？那是因为，我们的情欲跑得太快，而真实的感情，却还很遥远。当情欲已经燃烧殆尽，感情却还以龟速进行的时候，基于人的喜新厌旧，对对方就已经不再有兴趣了。有些人认为，男人往往在到手之后才会忽视感情的重要，选择放弃再另找新欢，其实女人的内心深处也差不多是如此，只不过女人感情冷却得比较慢，而且当她们在得到情欲享受之后，还会希望得到更多才肯放手。

很多人都相信一见钟情，却不知道，再有默契的组合，也需要时间慢慢经营感情。爱情的定律并不是我对你一见钟情，所以我爱你，而是我们共同经历了一些生活，培养出深刻的命运相连，所以我爱你。

不是连续见面几天，就可以说是够时间了解，毕竟除了了解之外，对于感情，我们还要有时间独自冷静消化。如果你想要谈一段浪漫又刻骨铭心的感情，那么一定要知道，第一次约会的时间不宜太长的道理。

第一次约会时间太长，会令自己原形毕露

所谓言多必失，就是说你话说多了，总是会说出一两句不应该说的话。同样的道理，第一次约会的时间如果太长，那么你好不容易想要展现自己最好的一面给对方看的这种心意，也会因为疲累而松懈下来，甚至暴露缺点。

第一次约会最重要的事情，就是要建立起自己在对方心目中的好形象，让对方认识到的是一个最好的自己。你当然有很多缺点，有很多生活上不为人知的坏习惯，可是在这个时候，你不需要给对方看，你需要的是先让对方对你有兴趣，然后在日后的相处中，如果展现了这些坏毛病，再经由沟通了解慢慢去获得平衡。

有些人会认为，最有诚意的交往就是一开始完全坦白。可是，坦白的部分只包括你的交往诚意，可不包括你与生俱来的独特点，这可是会吓到对方的。比如说，也许对方一开始不知道你是一个不爱洗澡的人，他可能很排斥，如果你一开始就让对方知道这件事情，可能他对你就不再感兴趣了。可是，如果在经过相处之后，他知道了这件事情，可能就会因为已经了解你的可爱之处，而忽视掉这个缺点。又或者，也许对方一开始不知道你是一个大大咧咧的人，他可能不喜欢。可是，如果他在交往过程中慢慢知道你的大大咧咧其实伴随着很天真的心思，那么他可能因为爱上这个真诚，而忽视掉他在听到某些言语时的不愉快。

我们不是要隐瞒这些缺点，而是要让它们晚一点出现，至少，别在第一次约会时就把对方吓跑。

第一次约会最好只是吃顿饭，礼貌地谈论一些言不及义的生活琐事，然后散会。为什么要这样做？因为第一次约会的目的，只是表现自己一般社交的理性态度，同时也接收对方同样的信息。这个时候不需要谈论太多自己，不必急着被了解太深沉的自己，因为那是没有意义的。我们都很容易去了解一个人，可是我们不一定会爱上他们，因为没有感情的了解只是知道而已，不代表接受。接受需要时间。

第一次约会就是要把自己最好的一面表现出来，表现的是自己的优点，还有尊重对方的态度，这就足够了。因为除此之外，两个认识不深的人，不管要再共同去进行什么活动，总是不痛快，时间一旦拉长，就会不知不觉把自己的缺点暴露出来，对恋情并没有好处。

第一次约会时间太长，对方就失去了第二次约会的动力

如果一旦看透了一些事情，我们就会停止追逐那件事情的动力。反正已经知道事情不过就是那样，也就可有可无了。

如果什么事情都在第一次约会交代完了，那么就很难期待下一次约会的来临。马拉松式的约会时间最叫人吃不消，好像在排列什么行程一样，一起享受吃饭、逛街、看电影的乐趣，再一路相约去看夜景、数星星、吃消夜。我好奇的是，两人在第一次约会就把所有事情都做完，把对方每一个姿态都看清楚了，那么下一次约会又要做什么？也不过是再做一次相同的事情，不然就是结束柏拉图之旅，开始探索身体的奥秘。为什么恋情

不能慢慢进行呢?和一个陌生又熟悉的人一起数星星的乐趣在哪里？也不过就是有一个人陪着数星星而已,其实感觉并没有那么深刻。

美好的事情应该是一步一步慢慢来的。将每一次短暂的约会,小小的感动,用一些时间去感受反刍,才能把每一步的感情根基打稳。如果一开始约会就把时间拉得那么长,那么属于内心的那片神秘的、新鲜的面纱,很快就会被摘除掉,接着下来,彼此都将很难继续对对方维持更高的兴趣了。

我认识一些人,通常在进行第一次约会之后,就再见不联络了;再不然就是,进行几次约会之后,恋情就莫名其妙地消失。理由是,两个人一下子就太熟,熟得像死党,像好朋友,反而没有脸红心跳、心动的感觉。

如果在这短暂的时间里头就打完全垒打,从此以后,两个人约会的时间就习惯沉溺在床上,没有兴趣再慢慢发展感情了。

不管两人多么有兴趣把晚餐约会延伸到午夜约会,甚至到早餐约会,都不要那样做,如果你希望这个恋情的质感很好,未来回忆起来还是感动多过于茫然,就要把持住对方的心为你而狂跳的日子,别让他太快冷却。

当他的心为你狂跳的时候,你们才有下一次约会的机会。

你需要被了解，而不只是被知道

第一次约会的目的在于吸引对方，不是在于被对方看得一清二楚。相爱是需要带着感情去了解，而不仅是兴趣而已。

世界上看得最清楚的关系，第一个叫做亲人，第二个叫做朋友。而情人，是不应该也不需要看得太清楚的，因为情人就是要为彼此疯狂、沉溺、不能自拔。而在经过时间的提升之后，从相知相惜当中去慢慢了解，这种了解不是只想知道对方的真面目而已，当中还有一点点疼惜和体谅，这个了解仍然是带着心的面纱。这种了解会让情人即使清楚你的缺点，也会苦笑忽略；即使清楚你的优点，也不会兴奋到哪里去，因为那个时候，你们要的不再是对方的优点或者缺点，而是这些优点加总起来，独树一格的对方而已。但是，这些都需要经过时间的洗礼，没有足够的时间一起经历重重的生活，这样真诚的爱就没有办法琢磨形成。人们总是说要了解彼此，可是一开始如果就对对方失去了兴趣，那么谁也没有兴趣再继续去了解对方了。

所以，初次约会就是要打扮得够漂亮、维持最优雅的谈吐，把对方的眼光牢牢地吸引住，就好像灰姑娘在经过一场短暂的舞会之后匆匆离开，王子才会受不了这种诱惑，到处提着玻璃鞋去找她。

第三技

该诚实的和不该诚实的

小时候我们常常说，如果以后遇到了一个人，一定要他接受我的什么什么，我才会相信他的真诚，才会与他相爱。

所以一开始绝对要诚实，最好让对方一清二楚地知道自己所有的缺点，如果对方还不放弃，那就是真爱。这种逻辑就好像交易买卖，童叟无欺，我既然已经告诉你这个商品有所缺陷，如果你还要买，那就是对这个商品的缺陷要自行负责，不要以后再来啰嗦什么！

你是不是总是这样想？是否在用这个伟大的逻辑来验证是否为真爱的逻辑？

可是，这是交易逻辑，不是感情逻辑！

我们这样说吧，如果有一个人的脾气很差，而你最讨厌别人坏脾气，我们来想想看，要是这个人是你的亲人、好朋友，你可能因为长久相处下来，几乎不觉得他的坏脾气会成为你的困扰，反而有时候还会觉得他很坦荡、可爱。不过，这个人如果是你还不很熟悉的对象，那么他可能在交往一开始，就已经被你的偏执排拒在外了。

我们身边所爱的人，或多或少都有一些令人难以接受的缺点，可是因为长久相处，彼此了解，相处上也取得了平衡点，所以对方的缺点已经不会造成我们心理上的压力，或者生活上的不适应。可是，对于一个才进入恋情的约会，这些缺点如果提早曝了光，只会让两个人都落荒而逃。

你会想，既然他是这个样子，我一定不能忍受，不能忍受一定会吵架，吵架多了就一定会分手，那么，两人还有什么未来可言呢?不如不要开始吧!正是因为这样杞人忧天的想法，反而常常牺牲掉一段可能很不错的恋情、一个很好的对象。我们会这么想是没有错的，会这么想正是因为我们非常重视自己的感情生活。所以，没有超完整的规划，没有十全十美的对象，我们都会却步。

可是，没有一个人是十全十美的呀，这世界上也没有一个人是完全符合你的所有需求的，创造出来的理想情人，也许很接近，但绝对不会和你所要的一模一样。所以，我们面对新恋情，不需要太裹足不前，不需要做到防患于未然，只要了解对方的诚意和大致生活背景就够了。

相对来说，我们也不需要对对方把什么事情都摊开来看，

都诚实以对。因为在爱情的国度里，最高道德标准一定是感情，而不是诚实。

你以为做人要诚实，才无愧于心，才对得起自己和别人，可是，你应该要想想，对方是不是真的那么想要知道每一个血淋淋的真相？或者，他也有权利不要知道那么多你不堪的过去，以免破除了他心目中恋情的美好蓝图？你以为有些事情并不重要，可是也许对对方而言，却是需要你说出来的，这些该诚实的事情，你诚实了没有？在约会当中，我们需要知道什么事情该诚实，什么事情又不需要诚实，这是最重要的一件事，因为每一个对象所了解的你，都将决定你们的恋情是否能平安长久。

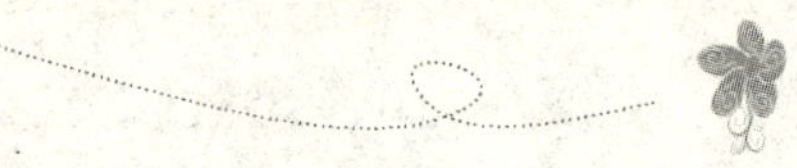

过去的情史不要太诚实

男人对于过去花心无度的情史一定要有所保留，如果你真的认为你遇见了一个好对象，请不要拿过去的情史来吓她。大多数的男人喜欢炫耀自己受异性欢迎的程度，借以炫耀自己的能力。他们在说过去情史的时候，多半只是为了炫耀，不是特别眷恋其中的一任情人，也不见得是缅怀过去花心的历史，他们可能只是单纯嘴贱，想要炫耀而已。

可是，女生是超级缺乏安全感的生物，一旦她知道了你过去的情史这么辉煌，难免就会在心里起一个问号：他是一个花心的男人吗？我以后还要继续面对其他女孩子的竞争吗？他那么受异性欢迎，选择范围那么大，真的能够为了我一个人安定下来吗？

是的，如果男生真的要大嘴巴，把自己过去的情史都翻过来给现任情人看，那么将会陷入万劫不复的深渊。因为，只要未来你有一点小差错，激发起情人的不安全感，就将面临一哭二闹三上吊的严刑拷问，以及没完没了的质疑。

奉劝各位男士，那些你以为很骄傲的花心史，就向男性朋友炫耀就好了，如果你非说不可，也千万不要对现任的情人说。当然，你也不能装得太清纯，毕竟随着年龄的增长，人生经验丰富，很多事情说不知道、没见过、不了解也实在令人难以信服，但凡事点到为止就好，不要让已经死去的过去，影响到你和她共同的未来。你不要说了才告诉对方不要放在心上、已经过去了之类的话，这是不可能的。话一旦说了出去，就已经在听的人心上种下了祸根，你是无法铲除的。

我的一个女友交往过五个以上的男朋友，而且每一段恋情都进入了同居生活的状态。可是，她的每一任男朋友所知道的她的过去，都是其中某一个交往最短暂的情人，而那个情人是她最没感觉也最没印象的一个。

为什么只提他一个就好了呢？她对我说："因为我和他之间

最没有什么好提的。”

为什么不诚实一点？难道之前的恋情那么不可告人吗？我的朋友对我说，所有恋情都没有不可告人的地方，但也都没有必要告诉别人，尤其是现任情人。“我就不相信我的现任男友会想要听我过去和那些旧情人们有多恩爱，或者想知道他们对我的不忠诚，换成是你，你会想听见这些事情吗？当然不会。你听了会因为对方对你诚实而高兴吗？当然不会，你只会在心里起疙瘩。我不认为应该要这样自找麻烦。”她很自信地告诉我。

有些女孩子挺爱提起过去情人的不忠，来唤醒现任男友的疼惜或者同情，这是最笨的方法。尽管在短时间内可能达到目的，不过这种药效太强了，如果没有好好处理，会成为对方未来的心理负担。

所以，对于过去的情史，请不要太诚实，请你挑着说，轻描淡写地说。

现在的交往状况要诚实

每个人对于现在的恋情要有责任感，感情是人与人之间最脆弱微妙的东西，一旦被伤害了，就会很痛很痛，而且还会留下阴影。如果你没有想好要谈恋爱，请不要引诱别人误入歧途；如果你还想要游戏人间，请你去找认同你感情观的人。

非关道德，这是自保之道。看看所有社会新闻有关情杀的故事，就该有所警觉。

约会的时候最忌讳隐瞒现在的交往状况。你可能是另有情人的，也可能同时在和许多人约会，或者是你的态度就是还在选择，这些选择都是对的，但一定要对你的对象坦诚，不要在他的面前假装一副只喜欢他一个人的样子，背后又可以对其他人做出一样的深情，等着收取对方大量投入的感情和精力。

许多情杀的原因其实都是因为这样，被对方欺骗了感情，被搞得团团转，最后才发现原来自己只是被利用的对象，而不是被爱的对象。那种难堪痛苦的感觉，激发在某些人身上，就变成复仇的动力，这很可怕，也很要不得。

谈恋爱谈到最后变成了这种局面，当然不是爱情应该有的。

开心与否都要诚实

喜欢或者不喜欢，高兴或者不高兴，如何喜欢如何高兴，最好都要有适当的方法把它表现出来。需要表达的理由是因为，我们要让对方知道如何爱我们，讨好我们。

几年前的 Hello Kitty 磁铁热燃烧了好几个月，那个时候，很多男生都拼了命去便利商店买东西，多买两包烟、多买几罐饮料请别人，就是为了要累积到那个七十七元，换一个猫咪磁铁。

这当然都是为了妈妈姐姐妹妹，以及最重要的——自己的

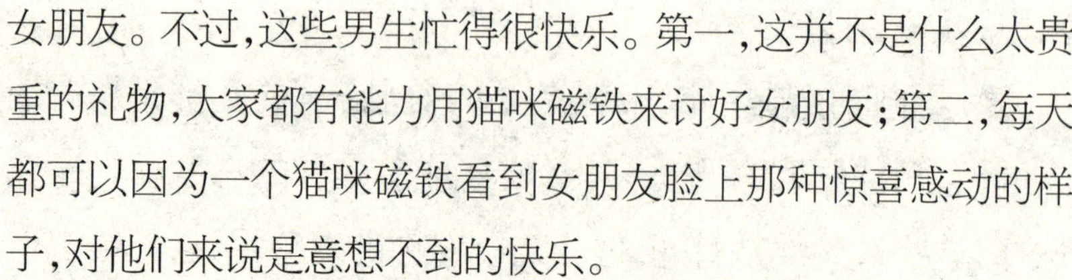

女朋友。不过，这些男生忙得很快乐。第一，这并不是什么太贵重的礼物，大家都有能力用猫咪磁铁来讨好女朋友；第二，每天都可以因为一个猫咪磁铁看到女朋友脸上那种惊喜感动的样子，对他们来说是意想不到的快乐。

尤其是女孩子，最忌讳什么都说好、什么都无所谓，好像高兴也无所谓，不高兴也无所谓，让别人真是不知道该拿她怎么办才好。她永远保持一个温度，没有特别的感觉要表达，反而会让对象觉得很累。

所以野蛮女友之所以受欢迎的原因就是，她其实一点都不难搞，喜怒分明，不用让男生猜来猜去，就可以知道自己应该怎么做，才可以让约会进行得很愉快，怎样做就可以避免冲突。

试着把自己的感觉表达出来吧！如此一来，两人的沟通会更顺畅，可以少走一些猜来猜去的冤枉路。

第四技

什么时候该主动

约会的时候，总是心情忐忑，做得太多怕对方不接受，做得太少又怕对方觉得自己的诚意不够，不管如何做，总是两面为难。

就好像有些男生对我说过，他们很喜欢一个女孩子，却不知道从何开始。他们说自己不懂得约会，也不知道约女孩子出去要去哪里，该聊一些什么话题。有个男性朋友把我的死党约出去了，结果不到几个小时，我的死党打电话来求助，希望我能去参与他们的约会行程。我当场听得傻眼，一问之下，才知道他们看完电影之后，就到处闲晃，男生的话很少，问她要去哪里吃晚餐，她也不知道，男生却坚持一定要尊重她的意见，于是，这两人就被动地在公司闲晃，完全不知道该如何继续进行或者结束这场约会。

另一个男生面对同样的难题，就知道提出选择题给女生，

一样是尊重女生的选择，可是他用选择题来解决。你喜欢吃这个吗？你喜欢吃那个吗？你今天比较想要吃哪一个？你现在比较想吃哪一个？这个还是那个？果然两人研究了老半天，好久才得到结论。

至于我那个男性朋友和死党，在共同经历过几次这种不知所措的约会行程之后，我的死党总算死了心，就算知道对方带着满满的诚意而来，也绝不再和这个和她一样被动的男孩子出去约会。他，没有做错任何事情，可是最后被踢出局了。

另一个男生最后则娶到了他喜欢的女孩子，得到共度一生的承诺。

当然，如果对象的个性不一样，也许到最后的结局也会大不相同。比如，一个有主见比较积极的女孩，如果遇上了我那位男性朋友，可能就是天作之合，因为他的没意见对她来说是最好的意见，只要她决定就算数，多么愉快。

约会的时候，每一个小小的态度都可能决定两个人恋情的未来。如果你的心里有着一分的诚意，你就应该把那一分的诚意表达出来，因为对方还不了解你，如果你不表达，对方就不会知道，更不可能珍惜。就好像我的男性朋友最后向我哭诉，他本来就是这么被动的男人，并不是他没有一点点约会的诚意。但问题是，他的表现还真是让对方一点都看不到。就连我，也不太相信了。

有的事情，约会的时候应该主动表现，不要期望对方立刻就成为你肚子里的蛔虫，能一眼望穿你没有表达出来的一切，这是不可能的。如果该你上场的时候，你没有出场，那么，最后恋情的结局，可能就是直接请你一鞠躬下台了。

男生应该有的主动

男生在约会当中，大多数的时间都需要比较主动。这个主动就是在展现自己追求的诚意，也是在展现自己处理一切事情的能力。

追求要主动。我见过一些学历、条件都很好的男孩，他们从来不主动追求女孩子。他们可能长得够帅、工作够好、家庭背景够强、学历也很高……总之，整体评分下来都是这个社会的佼佼者。他们不会追求女孩子，通常都是让女孩子倒追。他们接受了传统的观念，认为只要自私地把自己的条件搞得够优秀，自然而然就可以得到漂亮的女孩做妻子。

我不知道他们最后是否得到了幸福，可是在这个两性机会越来越平等的时代，身为一个优秀的女孩，我认为，你的所有成就都是属于你自己的，跟我一点关系也没有，而且，你自认的优秀在我的眼里也不过如此。爱情不是买卖，不是你的产品够好，

我就得买账。

如果一个男生真的想要得到女孩子的真心，光靠优秀的条件是不够的。优秀的条件只是吸引爱情的诱因，却不是让对方交出真心的筹码。而且，无论是男人的金钱还是权势，如果太耀眼，到最后只会吸引想要利用金钱、权势的女孩子上门，这些男人只能被迫地选择被利用，却还沾沾自喜，这实在不是聪明的做法。

男人和女人一样，都需要有选择对象的眼光，而且越是好的对象越是不容易交出真心，因为她们看重自己的感情和选择。与其用金钱、权势去叫对方低头，还不如付诸行动去追求，让对方心悦臣服在自己的柔情之下。

约会要主动。男孩子一定要主动提出约会，而且不管被拒绝多少次，都要坚持到底。这个坚持到底最后一定可以感动女孩子的，老话说女怕缠，所以男人一旦缠久了，女人就会渐渐被感动。

而且，不但要主动提出约会，也要主动安排约会。千万不要像我那个男友，只知道把女孩子约出去，却不知道要带女孩子去哪里约会。如果你实在不知道两个人要去哪里约会才好，那就把她带到你所熟悉的地方去吧！带她去一个你能确实掌握的地方，因为唯有在你所熟悉的地方，你才可以自然而然地把自己最好的一面展现给对方看。

有些男人以为这些事情不主动，就是尊重女孩子意愿的表现。我的天啊！怎么会有这样愚蠢的想法呢？女孩子哪里有什么意愿可言？如果她根本对你没有初步的了解，又怎么有所好恶可言？女孩子不一定要主动来喜欢你，接受你每一次约会的邀约，可是，你却不能因此而退缩或放弃，不能连试都不试。对于那些只被拒绝过一两次就退缩的男孩子，我都忍不住想问，难道你们喜欢我的诚意就只有那么一点点吗？只被拒绝两次就算啦？那幸好我没有答应你，因为你根本不够喜欢我呀！

什么叫做追求？就是要从无到有，从陌生到爱，从排斥到接纳，从零开始，一步一步证实自己的诚意，以及带给对方幸福的能力，才能够让对方做出选择的决定，这是慢慢来的事情。当然一切都很难，可是，这并不表示你一点机会都没有，如果你真的很喜欢对方，就大胆追求吧！这可是身为男人才有的权利呢！

我认识一个男孩子就是这样，一开始是因为他和女生的条件悬殊，这是第一个障碍，他越过了，鼓起勇气去追求；接着下来，他每天发数不清的短信和打无数的电话向女生表达追求的意思，三个月下来，女生没有一点点反应，连约会一次也不肯。等到女生终于肯答应和他约会了，但第一次的约会又是在女生发飙的情况下草草结束，因为他犯了一个女生最忌讳的大错。那个女孩的个性直爽又直接，不但很直接拒绝，而且拒绝的理由也是不留情面地批评。男生越挫越勇，女生越是看轻他，他就

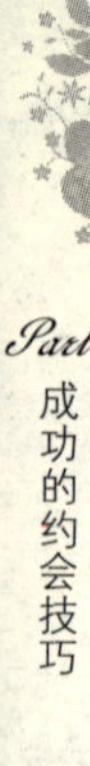

越是要证明自己，没有放弃过念头。

后来他终于和那个女孩走进礼堂。我相信，这个男孩子必然有过人之处，那就是，他不让别人决定他的价值和命运，有这样性格的男人，还有什么事情是不能成功的呢？

服务态度要主动：基于绅士的立场，男孩子对待女孩子，一定要在小细节之处特别注意，要随时观察女孩子的需求，例如，开车门、拉椅子、帮女生提重物，虽然并没有人规定男孩子一定得做这些事情，可是如果你可以这么做，一定能在女孩子的心目中留下很体贴的印象。而这种千金难买的好印象，比起你砸数千元邀请女孩子共进晚餐，都还要有价值。

自古以来，女孩子要的就是这种贴心的感觉，即和对方走在一起的时候，自己是随时被关注的。所以，如果你是一个很体贴的男人，你就会比别人更有机会得到女孩子的真心。

提出要求要主动：永远要记得，最贴心的男人就是，可以提出意见，但是永远不逼迫女孩子就范的男人。

仅仅等着女孩子决定一切的男人还不够贴心，因为他们有点太懒惰了，说是尊重女孩子，其实也是没有花心思去揣摩女孩子的想法。这种男生往往在恋情中深陷困境，因为他们会让女孩子终究感觉食之无味，弃之可惜，然后只要遇上了更积极的男人，就跑了。

许多自认为旷世好男人的男人最后都落到情人被抢走的

下场，原因不是在于他们不够有趣，而是在于他们不够积极，永远等着女孩子表现。问题是，在传统教育观念下，很多事情是女孩子不方便主动表现的。唉！你怎能要求女孩子主动表示想要亲吻你呢？

女生应该有的主动

女生也不是纯然被动的，太被动的、什么都说好的女孩子，其实恋情通常都进行得很不顺利。

我就认识一个这样的女孩子。她真的是一个好人，对什么事情都不计较，都是真心地为别人的权益着想，自己可以接纳的范围很大。当然，在情人的面前也是如此，情人怎么说，她就怎么好，大多数的要求她都找不到拒绝的理由，甚至情人消失了两天，她也不会主动去追问发生了什么事情。

她以为相安无事，就是经营两个人感情最好的方式。可是，她不知道，其实情人已经感觉乏味而叛逃了，历任情人都是如此。女孩子还是需要在某些方面主动一点，这是为了争取自己应该有的对待方式，也是为了双方更进一步的了解。所以，女孩子应该在某些方面要主动，自己选择，自己决定。

主动拒绝。遇到了自己不喜欢的对待，要主动拒绝，不要等对方发现才被动地停止。很多女孩子献出自己的身体，往往都不是因为自己愿意，而是在不懂得拒绝的情况下，半推半就地

完成。她们可能根本不知道状况，也还搞不清楚自己的感觉在哪里，只是因为对方提出了要求，好像就非得答应不可。可是事实上，没有什么事情是非答应不可，也没有什么事情是非得要一个合理的理由才能拒绝。其实，只要你的感觉有一点点不对，你就可以坦然拒绝。

不只是恋爱的事情，在任何事情上都一样。女孩子一定要记住，只要是自己不接受的事情，就要主动拒绝，不要等着对方良心发现、体贴入微，那是等不到的。因为任何人做决定的时候，第一个只想到自己，不可能精神分裂到要兼顾别人，除非别人提出不同的看法。

我的朋友后来认识了一个很糟的男人。那个男人在出轨之前，先是要求她别查询他的行踪，紧接着就是要求她别打电话给他。事情演变到这种地步，她竟然还闷不吭声地接受了这些莫名其妙的要求。

我猜想那个男人也颇闷的，因为他没有想到竟然可以这么轻易地达到目的，好像这个女孩子从头到尾就不是很需要他。

女孩子习惯了被动，就很难主动。问题是，如果恋情不掌握在自己的手上，又应该掌握在谁的手上？如果你不捍卫你自己的爱情，又有谁来捍卫它呢？

女孩子不要只会点头说好，要试着学会主动拒绝，勇敢面对令你不开心的建议或要求。我们对爱情要有重新的解读，那就是，一味忍耐承受就叫做逃避、冷漠、拒绝沟通。那绝对不是爱情，因为到了最后，总有一天，忍到了极限，你只会想要一走了之，这不是对爱情负责的态度。只有主动选择，和对方有积极的互动，勇于表达自己的感受和意愿，才是正确的约会态度。

主动关心：约会的时候，很多女孩常常会以公主自居，只接受奉承讨好，却忘记了对方的感受。

当然，她们不是不会主动，只是习惯了被动，等着对方提出要求，然后用她们的依顺，来表达她们的爱情。这是错误的。

很多好男人遇上了这样的女孩，就会不知道如何是好，他们只觉得自己一再付出，却没有得到相等的回报，于是就会心灰意冷；很多差劲的男人遇上了这样的女孩，就会拼命对女孩子予取予求，并且明示或暗示只有答应，才是响应他们追求的方式。可是，爱是自由，不是威胁！

主动关心对方，不见得是把自己反过来当成一个爱慕者的角色，不再是被捧在手心的公主。主动关心对方，只是在于适当地响应对方的爱情，也是为了掌握自己的爱情。

你可以不必每天回家就一直等着对方的电话，等到歇斯底里、痛不欲生，试试看打电话给他吧！你不试，就把所有事情往最坏的地方想去，搞得自己心烦意乱做什么呢？至少试一次，主动去关心对方是否安全到家，而不是等着对方来关心你是否安全到家。

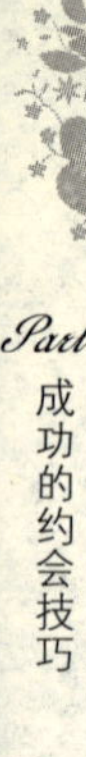

我的朋友和现任男友一开始交往的时候，就决定一反过去被动的态度，主动打电话关心对方。那一天他感动得不得了，他说他对她的好，原来她有感觉到。

相较于过去的恋情，她一直以为如果对男人太好，男人就会不知道珍惜，可是这一次，她鼓起勇气主动关心他，反而让这个男人认为她是全世界最爱他的人之一，更是珍惜。从此以后，她谈恋爱不再等待，而是主动出击，有话直说，反而得到很自然的相处模式。

试试看，主动去关心你身边的那个男人，把爱的掌控权挖到自己的手上来，相信你的恋情一定会更加如你所愿。

第五技

什么时候该被动

很多时候，约会其实是应该被动的。约会被动的理由，是为了让对方喘口气。我的朋友在过去不愉快的恋爱经验当中，包括在单独和某个男孩子出去约会过三次之后，就开始被追问着要不要当他的女朋友，每一次约会都不放过。这种情况让我的朋友感受到很大的压力，因为她的感觉还没有到达男女朋友的地步，可是却又很喜欢和这个男孩子出去。

后来因为怕男孩子停止追求，所以才勉为其难先答应再说，可是结果都不太好，因为一开始是被勉强的。

有些朋友则是在进入见双方家长的这一关被卡住了，没有办法调整心情，但基于对方的要求，就硬着头皮上场，感觉也很差。

最多的是发生亲密关系的问题，当对方一而再、再而三地提出要求，久而久之，在女生的心里就产生了压力，最后点头的

时候，其实根本不知道自己为什么要那么做。

另外一个问题，就是主动谈论一些自己太深入的问题，有交浅言深的意味。也许对方还没有心理准备接受那么深刻的你，你就主动把自己交代得一干二净，而对方的心里其实也不是很舒畅。

很多事情是应该要诚实没有错，可是有的时候隐瞒也不是为了自私的目的，而是顾虑到对方是否有这样的心理准备去面对这样的事实。例如，你可能是一个长期有酗酒习惯的人，或者是过去交往复杂，或者是曾经的堕落不堪等等的负面事情，这些其实在一开始都不适合跟对方谈论。不谈论也不是欺骗，只是不需要说，因为每个人都可以有自己不为人知的一面，除非你非常确定这个人要和你共度一生，你们应该要来共同面对这个问题了。否则，这些事情不应该主动说出来，应该要等对方问起，才被动地、用适当的方式说出来。

男生在约会计划中有时也应该被动

男生应该要主动提出约会的计划，例如：约会要去什么地方、什么时间约会……因为这代表一个男孩子约会的诚意，没有计划的约会会让女生很倒胃口，那种感觉好像她只是一个特地抽空出来陪你打发时间的陌生人而已。

可是提出了计划之后，男生还需要注意女生的感觉，还要尊重女生对于约会的意见。如果说女生不喜欢到某一家餐厅吃饭，男生就应该被动地听女生的意见，让女生决定她希望的约会地点；如果说女生真的不喜欢太晚出门约会，男生也应该被动地让女生选择约会时间，自己要特别把时间腾出来；如果说女生本来就有属于自己的约会计划，男生也要全然地被动。

这是为了表现尊重女生的绅士风度，也比较会让女生感觉她不是特地出门陪你去做一些事情，而是你们共同去做一些事情，甚至是你为了她的快乐去做一些事情。如果你能做到这么有绅士风度，相信在女生的心里会加分不少。

男生在做重大的计划时，要被动地让出决定权

例如，请把要不要在一起的决定权让给女生，当女生点头了之后，才算数。有些男生可能心急如焚，通常在女生跟他出去约会过两次之后，就对外宣布谁是他的女朋友了。男生当然是很直接地认为，女孩子都愿意单独约会了，当然是喜欢他的，当然是愿意当他的女朋友的，所以就一厢情愿地决定了两人的关系。

有些男生会问一下女生的意见，不过是逼问，是反复地追问，让女生觉得压力很大。千万不要这样子，破坏了女生本来对

你很好的感觉。当你把话问出口了之后，请给对方一点考虑的时间，不要拿一堆理由逼着人家作决定。问出口了之后，就要被动地等待答案，等对方心甘情愿地点头。

这个一开始的动作，会决定你往后对她的态度。当你一开始因为给对方压力而达到你的目的之后，以后你都会习惯用这种方式去对待她。可是，总有一天，她受不了的时候，就会选择逃避。女生的心思细密，考虑很多，说穿了，就是挑剔。她的挑剔是因为她重视，如果男孩子可以看到女生对于这个恋情的重视，应该会少给一点压力。

别看罗曼史书上的胡说八道，什么男生都要逼迫、要霸气、要威胁的。那种东西，偶尔当情趣用一用就好了，如果真的让对方感觉很差劲，可会是恋情的杀手呢！

女生在约会的时候应该被动 是女生要保留拒绝的权利。大多数女生约会的时候，应该保持含蓄的美好，不要什么事情都先男生一步，搞得好像是姐姐带弟弟逛大街一样，这种感觉可是会让男生倒尽胃口的。所以，女生还是要被动一点，这是为了保留自己的神秘感，不要一下子就被对方看透。

也不要一下子就搞得两个人像哥儿们一样，他大大咧咧地来，你也直率地回过去，结果明明是一段恋情的开始，到最后却演变成一同喝酒吃肉的好朋友，把恋爱里面本应该有的那种兴奋、新鲜全部搞砸了。

我看过很多恋情都是这样的，尤其是现代的女性，因为已经可以在这个社会上占有一席之地，一切计划落实的能力都好得不得了，好到甚至有的时候都觉得男生的想法很蠢，根本不信赖他在约会过程当中的决定，就想要什么事情都自己来。例如，订餐馆要自己来，点餐要自己来，安排交通流程要自己来，电影院订票也要自己来。你可不要以为这是天方夜谭，事实上，我的女性朋友在和男友交往的五年当中，都是担任这样的角色。

事情演变到最后，有一次，情人节那天，两人一同进了一家餐厅。我的女性朋友一坐下来，就接到了一个很重要的电话，讲了十分钟之久。结果服务生来了三次，都被她的男朋友打发走，一直到讲完电话，服务生还在等待。

"你干吗不先点菜啦？"我的朋友生气地质问男友。结果你知道她的男朋友怎么说？他说他不会点菜，怕他点的菜太蠢，她会生气。幸好他们后来分手了，否则我相信，一个女人一辈子都要服侍一个连点菜都不会的男人，这是多么可怕的事情！男人本来并没有那么无能，只是因为一开始女生就主动把所有约会的事情都揽过来做，而且做得比他好，从此彻底打垮他的自信心，也就不敢再碰这些事情了。

现代女性在约会时一定要特别注意这件事，那就是，不管

你能力再强、IQ 再高，请在约会时统统忘掉，让你的对象有服务你的机会。虽然他确实很蠢，确实能力不如你，可是，你要么就是好好欣赏他憨厚的可爱，让他去尽情表现他看似笨拙却不失可爱的心意，要么就是直接用条件不配的理由把他排除在对象之外。

千万不要一边接受他的追求，一边又嫌弃他的贡献，这样勉强接受的爱情太难过了。有些人总以为能力太强的女生，一定找不到配得上她的对象，其实并不是如此，好像女生能力太强也是错误。女生的能力太强当然不是错误，只是有的时候她们的脑袋反应太快了，一直往利益边缘钻，没有停下脚步来欣赏男生尽力贡献的诚意。

那些约会的小杂事又不是会议流程，实在不需要这么尽善尽美，你可以尽量睁一只眼闭一只眼，最重要的是那个男生的诚意。你可以不喜欢某家餐厅，可是不需要特地挑剔对方的选择，不要把什么事情都扛下来自己做。

如果不先试着学会信赖对方，又怎么能够期待和对方谱出美好的恋曲呢？

Part 5 成功地选择接受或者分手

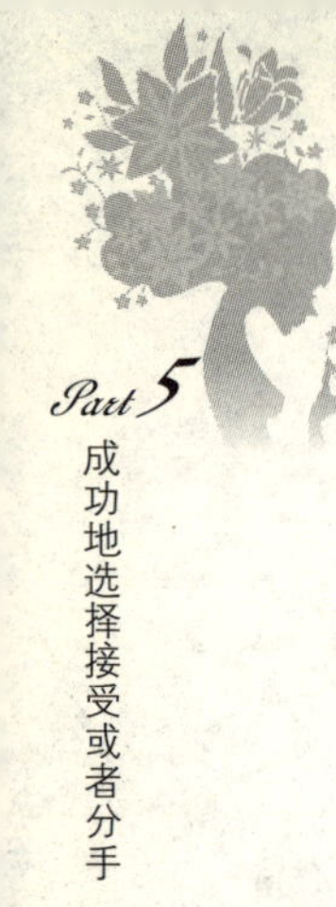

第一技

什么时候该分手

约会最怕的事情不是分手，而是该分手的时候却不分手。那种藕断丝连，没完没了的感觉真是差劲透了，就好像剥落了一半的指甲，明明很痛，可是却掉不下来、剪不断，日日在心头疼痛着。

这个世界上是没有任何两个人是不能够分手的。关于那些生死相许的传说，是万中选一，是真正的天作之合。可是如果两人的爱情真到了这样的地步，也不会走上分手一步。

一旦选择分手，在某个程度上已经可以证明，有一方不想继续爱下去，他不爱了，爱情既然缺了一个角，还能叫做爱情吗？不能！

我不太相信不得不的分手，只相信不再爱的分手。这城市里太多不得不的分手，就是个性不合、无法沟通。我觉得真正的说法应该是个性不合，也不想继续体谅、忍耐、包容，无法沟通也不想继续尝试沟通，而这个不想，其实就是不爱了，没有什么好辩解的。一定要这么真实地面对自己的感觉，才不会做出错误的决定。

不爱了也不是什么该杀头的罪。不爱了其实就是爱情里最迷人的地方，因为爱情千变万化，没有理由，他可以今天爱你爱得不能自拔，也可能明天突然觉醒他其实已经感觉不再。真正信仰爱情的人应该要特别看清这一点，不需要钻牛角尖痛苦不已。很多夫妻之所以会相守一辈子，其实就是个性上没有太多追求爱情本身的冲劲，他们只是很乐意和某个人相爱，然后忘记身旁的所有异性，他们乐于这样的人生。

如果你不是一个乐于和某个人相爱之后，就忘记身旁选择的人，就要更清楚，其实别人也可能做同样的选择。如果你不喜欢这个选择，最好是找相同选择的对象，情路才不会太坎坷，毕竟，你无法左右别人对生命的选择。

该分手的时候，要乐于接受分手的事实。不管你是否还爱着那个人，还是已经不再爱了，为了自己好，一定要做出明快的决定，不要让时间一直停留在两人都痛苦的那个时候，那可是很伤身的。

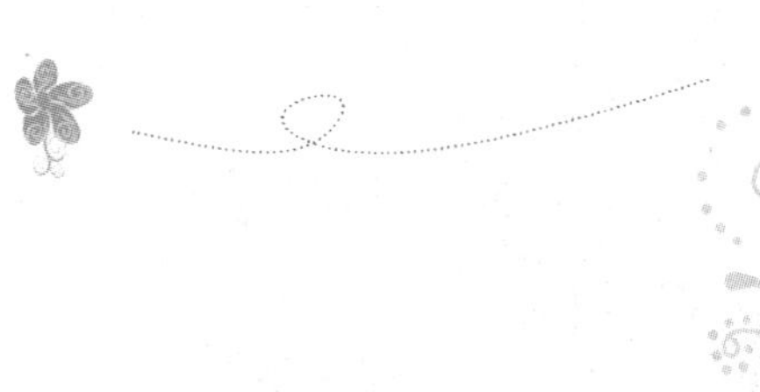

不爱的时候就分手吧

如果已经不爱对方了，就坦率地分手吧！每天面对一个不爱的人多么痛苦?

而且延长这种单方爱情的寿命，也不能使得对方活得更快乐一点。

我最近听到熟女们不分手的说辞几乎都是："怕再也找不到下一个男人。"我倒觉得，如果一个女孩子没有一个人活下去也无所谓、非要找到最好的那个人不可的魄力，那么她就势必得一直在那些表现不够好的男人之间浪费时间。女人三十岁并不会老到没有机会再找到下个男人的地步，想想看，伊丽莎白·泰勒女士活到八十岁都还能继续结婚，而且林青霞小姐也是四十之后才结婚，更有很多女人，中年过后还在继续恋爱。

更何况，延续错误的事情，不可能因此就可以借着时间的流转，而使它变成正确的事情。拖着错误绝对得不到幸福。

不只是女人，就算是男人也常常犯这种错误。不过，男人通常可以比较忍受和一个不爱的人相处一辈子。因为男人的心思总是放在事业上面比较多，爱不爱不是重点，能够相安无事才是最重要的。可是女人不同，没有了爱情的女人，就像凋零的花朵，未老先衰。

不爱的时候要分手，这是为了自己的身心健康着想。

对方有外遇的时候一定要分手

所谓“一日不忠,百日不用”,在爱情国度里也是铁律一条。如果你的对象已经抗拒不了诱惑,准备叛逃;或者是他不想叛逃,但还想拥有更多,那么你就应该分手了。

通常会叛逃一次的对象,还会叛逃第二次、第三次,甚至会习惯地叛逃。这里透露出来的信息就是,他已经不再爱你了,所以他的心随时都有可能被别人偷走。不管你再怎么爱他,一定要让自己放手,免得这种被背叛的感觉一而再、再而三地伤害自己的心。

有个男孩子对我说,他一再背叛情人的原因,是因为第一次背叛的时候,他的情人原谅了他,而且对他更好,希望借此来抓住他的心,所以他有了第二次的背叛,那个时候他的情人又原谅了他。他发现背叛这件事情并不难处理,而且情人无论如何都会守在他身边。她就像母亲一样,无怨无悔地爱着他,可是没有患得患失的感觉了。

有些情人会告诉对方,如果对方背叛了他一次,自己可以原谅;可是如果背叛了三次以上,自己就不会原谅对方。然而事实上是,数量根本不是问题,问题在于,无论如何对方都会被原谅。在这种情况下,情人当然就看轻了他独占的地位,可以放心到处拈花惹草去了。

即使再爱对方，也要有一定的游戏规则。因为你的爱情并不是无限供应的，如果只有你一个人爱着，很容易就化成灰。你当然要把爱情的游戏规则宣示出来，因为你不是上帝，你是用恋人的方式在爱着对方，你要的是一个超级独占的爱情。

不要以为用那种宽容的爱可以感化对方的背叛。因为当他的心飘离之后，再回来，也不是你要的那一颗心了。

成为第三者的时候就要分手

如果发现自己成为第三者，就非得分手不可。

第三者并不是一个胜利者，通常只是在对方花心时期的其中一个牺牲者而已。他今天背叛了别人，即使不爱上你，也会爱上别人。因为他对于爱情的心不定，所以才选择了背叛。如果他是真心爱你，他会在和前一段恋情划清界限之后，才靠向你的身边。

我认识一个女孩子，每到爱情的关卡，就会选择利用第三者来和前任男友分手。如果她没有找到一个第三者，她就绝对不分手，一切都是以她的自私出发。她很清楚明白自己就是一个爱情很自私的人，而且那些原来的第三者，后来也都是被另一个第三者所取代。我不能评价这种感情观的是与非，只是要告诉大家，第三者往往都是被利用的对象，我们一定要看清楚这一点。

一旦发现自己是别人感情里的第三者，最好能够当机立断走人。有些人采取错误的处理方式，就是要把这个情人给完全抢到手，享受胜利者的滋味。这是很笨的想法，因为如果你的情人是真的爱你，他应该主动把所有事情处理完，让你不费吹灰之力取得胜利者的角色，而不是让你和他的现任爱人去厮杀，他这个肇事者却逍遥法外。

彼此不认同的时候要分手

每个人都随着时间在成长，而且这个成长是不间断的。过去我们所爱的，现在可能觉得无聊；过去我们认为重要的，现在可能觉得幼稚；过去我们所奉为圭臬的，现在看来都不实际。就算情人们相处的时间比和其他人还要多，也难免因为各自所见所闻、成长环境不相同，而导致最后渐行渐远。

如果双方的价值观渐行渐远，冲突就会越来越多。你觉得昂贵的，他觉得廉价；你觉得可贵的，他觉得不实际；你觉得好玩的，他觉得幼稚……类似这样的冲突越来越多，表示你们之间需要更多沟通。可是，如果真的已经到了没有办法沟通的地步，看到对方就很嫌恶，那就不如分手吧！和平理性地分手，好过继续看着冲突无止境地发生，却无力回天。

当初相爱，是因为你们都看见了彼此身上最美好的一面，也大致认同对方的价值观和人生观，前者使你们爱上了，后者

则是支持你们爱着的现实。如果你们有一天已经不再认同彼此，也找不到解决的方法，那就表示这段爱情已经没有继续下去的基础，可以选择分手，彼此祝福。

让相爱的感觉成为记忆里的一部分，别让冲突的记忆在往后的日子中成为阴影。

对方动粗的时候要分手

暴力和外遇一样，都是惯犯，不会因为被原谅、被包容而改变。

我的男朋友告诉我，如果一个人天生花心，那么给他再好的对象都没有用，因为他的个性就是花心才能快乐，你不让他花心，等于要了他的命。

暴力也是一样的。如果一个人的观念里，有着用暴力解决问题的想法，那么这就是他遇到挫折时的处理方式，你要他换个方式，他就觉得没有办法解决问题，至少没有办法解决他心里的那个问题。

爱情里面不但是自由、快乐，而且也是和平的。爱情是你情我愿的事情，没有必要用压迫的方式来屈服，暴力更是不可以。

他的行为可以被原谅，但他的情人身份则是不可以继续。毕竟你们是最亲密的、最不可分的一个共同体，说白一点，就是自己人，是那种他好你就好，他不好你也好不到哪里去的那种关系。如果在这样的关系之下，他还会暴力动手，表示这个人有自我毁灭的倾向。

如果一个人想要毁灭自己的世界，那么你给他再多的爱也是枉然。

第二技

让感情直接退烧的分手

很多约会惨案的发生，都是因为当事人的其中一方太过极端了，不能接受突然结束的分手。

分手是一件容易让人感觉到痛苦、挫败、羞耻、怨恨不满的事情，要能够双方理性分手，并不是一件简单的事，因为如果伤到了一个人的心，那是绝对没办法和平落幕的。

社会新闻有很多情杀的案件，就是因为当事人一方的性格让他们承受不起打击，一定要做些什么才能平抚心情，而他们的个性让他们选择了伤害别人去平抚；另一种族群比起情杀族群更多，那就是自杀族群。有些人以为失去了某个人之后，就是世界末日，就活不下去了，他们希望用死亡唤醒对方对自己最后的一点热情。

还有一种族群就是选择自残，那是没勇气自杀的族群。他们的心太痛了，痛到一定要做些伤害自己的事情，才能忘记那些痛苦。

我们并不能说这些极端的人有什么错，因为感情本来就是很伤人的东西，比起金钱、权势都来得伤人。如果我们并没有选择这么极端的方式，只是因为我们很幸运地没有那种个性。他们的悲伤需要用同情心去关注，也需要放手的那个人去体谅。

分手和世界上任何事情的放手都不一样，它需要更好的智慧、更好的技巧来完成，不能说你不要就不要了，这是我们对感情的责任感，也是保护自己、保护对方的方式。

任何分手的形式都很伤人。我常常看到网络上有人在问，什么样的分手才不会伤害对方？可是事实上，只要你不要了，但对方还想要，就难免发生冲突与伤害。只是，我们可以有一些小技巧把分手的伤害降到最低。如果我们这么努力，还是免不了对方的想不开，那也是没办法的事情了。为了不伤害对方而选择不分手，在爱情的国度里，也是不道德的。

让爱情冷却下来

把自己在热恋浓情时遗落的朋友、家人、工作都重拾起来吧！渐渐让自己从两个人亲密的关系里面拔出来，做一些单身时做的事情。

如果你发现这个对象真的不适合你，或者是他本身有暴力倾向、有犯罪纪录、有偏激极端的个性，你应该当机立断，决意疏远这份感情。很多人会以为爱情可以改变一个人的个性，可是通常江山易改，本性难移，爱情只能改变一个人的表现方式，却不可能改变一个人的个性。许多人，特别是女孩子，都会把自己当成是对方唯一的希望、唯一的拯救，于是就这么深陷下去，不敢离开。可是，当你决定明知没希望又要继续下去的时候，其实那已经不是爱情，而是同情了。

尤其是对于暴力、犯罪的对象，一旦发现，说不要就是不要，因为你不能等伤害来伤害你，你要提前向伤害说不。不要以为他只会对其他的人如此，不会这样对待你。错了！他也会这样对待你，只是时机还没到，他还没遇到那个时机。

我的某位女友人曾经遇上了这样的对象，交往五年期间，这个男人曾经为了她一度脱离帮派，可是脱离帮派之后的他，还是很难正常地生存在社会上，他还是习惯动不动就使用暴力解决问题，还是只能从事犯罪边缘的工作讨生活，最后我的朋友落荒而逃。

趁他不在家的时候，她拿了五个垃圾袋把东西收一收，就搭上出租车走人。她告诉我，她分手的过程像惊悚片，换电话号码，离那个城市远远的。

这个分手的计划，她大概计划了三个月，最难的是下分手的决心，虽然对方对待她十分好，可是眼看没有未来，年纪也渐渐增长，不能继续这样下去。从那一天起，两人不断地吵架，一个摔门出去，一个在家哭泣，反反复复经过好几次，总算让她找到一个机会落跑。

她的做法需要一点运气，就是这个男人还没有极端到非跟她同归于尽不可。有些对象可不是这么好处理的，你不能让他有被抛弃的感觉，不然他就受不了。

最好的方法是，让感情冷却下来。让感情冷却不是故意对对方不好，或是特别做什么举动，只要把自己当成是在过单身生活那样，把属于自己的生活方式找回来就可以了。例如，过去你和朋友约会的时间已经太少，这个时候就可以多去关心朋友；过去你和亲人相处的时间已经太少，这个时候就可以多去陪伴亲人；过去你都执迷谈恋爱不尽心工作，这个时候就可以把升官加薪放在第一优先位置。时间将会自然而然地分散掉两人相处的时间，达到疏远的目的。

不需要刻意在感情上冷落他，只是搞得你自己真的很忙，除了忙碌，不要多做其他的表现，让对方起了戒心，开始更严密地想掌控你。人和人之间如果接触的机会变少了，感情就会渐渐淡掉。

等到确定他没有你也可以的时候，再提出分手，或者，根本不需要提，直接就变成朋友了。

耍任性

耍任性这一招对男生是很有效的，因为男生很怕麻烦，女生越麻烦，男生就越害怕。

男生渴望在工作之外的时间有平静的生活，如果在工作之外还必须负担太多心事、杂事，他会受不了。

例如，约会之前让他等半个小时，永远不改掉这个坏毛病，拖拖拉拉地，然后一再说："对不起……下次不会再这样。"如果他还要生气，就哭给他看。每一次约会之前都来这么一次，男生应该很快就会崩溃。例如，在他的耳边喋喋不休，最好每一句话都问他的意见怎么样，问到让他的脑袋快要爆掉，受不了。我曾经见过一对很相爱的夫妻，有一次，女生在男生一下班的时候，就追着他碎碎念，结果本来脾气算好的老公突然把脸垮下来对她说："你就不能先让我放松一下吗？"

所以光是喋喋不休，就够使一个男人受不了了。例如，疯狂血拼，让他警觉到如果继续和你交往下去，甚至结婚生子，那么他一生的打拼将会付诸东流。例如，不管对方提出什么要求都维持不合作的态度，反正就是不让他顺心如意，只顺你的心、如你的意。

这样的生活，应该没有人过得下去，久而久之，就可以让男生自己不想爱你了，既然你这么不体贴、不善解人意，麻烦又超多，那么就分手吧。

对于女生，就数耍小气最有用。因为没有一个女生会喜欢小气的男生，那会让女生感觉和你约会是一件痛苦的事。没有一个女生约会时喜欢搭公交车、吃路边摊，而且好像男生把家里存钱罐里的钱都拿出来花一样，一元钱一元钱地算，搞得两个人不像约会，反而像一起流浪街头，让女生对爱情的感觉大打折扣。

除此之外，就是不要再制造浪漫，但也不要制造冲突，凡事保持被动的姿态，保持冷静的情绪，女生自己就会觉得感觉不对了，和你约会没有一点点乐趣可言，好像在进行一项例行公事而已，热情就会冷却。你什么事情都点头说好，做什么事情好像都无所谓，这样女生自然就受不了了。

最重要的是，不要在分手之前就急着去和第三者交往，这样一来，原本你们可以很平静地分手，但是因为第三者的出现，反而会激发起对方的不甘心，为了一较长短、一争输赢，就会奋不顾身地争取下去。其实很多分手之所以会闹到自杀或杀人，多半都是因为给对方“You are out!”（他已经出局）的感觉，而且还是被打败地出局。这种挫败感，往往才是让旧情人死都不想分手的理由，不是因为真正的爱情。

分手一定会痛，可是要避免恨，因为恨对于情人的伤害更大。

重新安排自己的人生规划

把自己的生活规划重新安排好。你想念书，就继续出国深造、继续进学校求学；你想换有前景的工作，就去换工作，把自己的生活全部卖给工作；你想更快地结束恋情，就勇敢地答应老板的建议，去外地工作吧！

我知道很多人常常在遇到一个对象之后，就会把自己的人生规划大幅度扭转，凡事都以对方的规划为主，尤其是女孩子，更是特别容易如此。许多女人从职场上的女强人变成了家庭主妇，多半也是自愿想要照顾对方；许多女孩子在还没有结婚之前，就已经开始为两人的共同生活调整自己的步伐，好让两个人的感情更甜蜜。

如果你已决心要放弃这段感情，那就要赶快把自己的生活收拾回来，重新调整人生规划脚步，让原本的自我把自己从这段恋情中抽离出来，不需要太刻意，也不需要太违背感情，只需要重新做自己，面对自己的生活就够了。你的生活不一定需要一个不够满意的对象，可是一定要有经济实力，一定要有前途打算，可以过得甚至比有情人的时候还要好。

常常听见友人哀嚎说，已经多久没有情人了，感觉生活好像少了什么，生命都不完整。可是也有朋友哀嚎说，有了情人之后，做什么事情都绑手绑脚的不自由，就算他很爱对方。其实，爱情都需要缘分促成，而自己却是永远可以掌握的部分。不管有没有情人，不管你是否准备好失去爱情，都要有胸有成竹的决心，不要让害怕孤单这四个字影响了你的决定。因为，有些时候，拥有这个爱情可能让你的生活过得更好；有的时候，失去爱情可能会使你的生活过得更好，最重要的是，你要过更好的生活才是。

我的朋友小欣在与现任男友交往之前，曾经告诉这个占有欲极强、害怕感情被介入的男生说："如果有一天我感觉和你在一起不如我自己活得好，我就会选择分手，不需要劈腿或者找第三者来帮忙。"很酷吧？如果每个人都有这种忠于自我、争取幸福的魄力，怎么会有找不到幸福的可能呢？

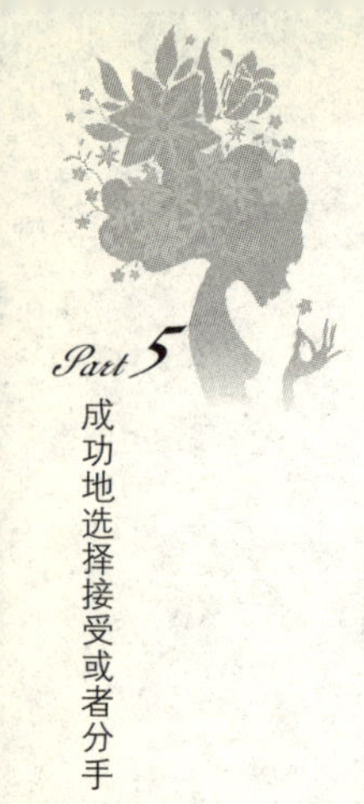

第三技

面对面地分手

有些感情需要面对面地分手，有些感情则是需要像我的朋友那样——落跑。

如果可能的话，当然面对面地分手是最好的。我认识一些人在分手之后陷入长时间的痛苦、阴霾，很多都是因为对方不声不响地离去，让自己日以继夜地想不通，也想不开，不知道为什么本来还甜蜜得不得了的情人，怎么说走就走？难道是得了绝症死掉了吗？

很多人都说分手的时候要讲清楚，就是这个道理。可是，如果其中有一方看不开，那是怎么讲都不会讲得清楚，怎么讲都没有用的。你告诉对方说你不爱他了，他就问为什么不爱了；你要说个性不合，他会说他可以改变；你要说感觉不对，他会问为什么感觉不对了。这是永无止境分裂下去的树枝状问题，永远回答不完。但是，为什么还是要面对面讲清楚？只是为了给对方一个尊重。

好歹你们彼此曾经深爱过对方，不管他再怎么不理想，至少也曾经付出过一些，基于这一点点感念之心，我们是不能够说丢就丢，说算了就算了，说走人就一走了之。除非你的对象是那种有理说不清的人，否则分手的时候给对方一个尊重的告别，是比较妥当的。

分手最忌讳的是逃避问题。他也不说分手，也不说不爱了，就是推托到各种奇形怪状的理由上去，说什么工作压力太大，不能照顾对方（想不通是什么火星逻辑）；说什么家庭负担太大，不能给对方幸福（这又是什么逻辑）。其中我听过最好笑也最经典的，需要被流传下去的分手理由竟然是：我有忧郁症，所以不能跟你在一起。那是一个生活条件很优越的男人、一个留学过剑桥大学的男人所想出来的分手理由，我真佩服他过人的创意。那一阵子因为有个明星因忧郁症上吊自杀，忧郁症的话题流传在台北的大街小巷，就立刻被男方拿来当成分手的理由了。

这种理由让被甩的那个女孩始终都挂念着对方的病情，还要承受分手的痛苦，多残忍啊！

而这样不负责任的做法，也会让自己成为亲友、同事间的话柄。我们不应该因为一个错误的分手，而牺牲掉自己坦荡的人格。所以，在正常的状况下，你应该面对面、勇敢地提出分手，

而且要有以下的做法。

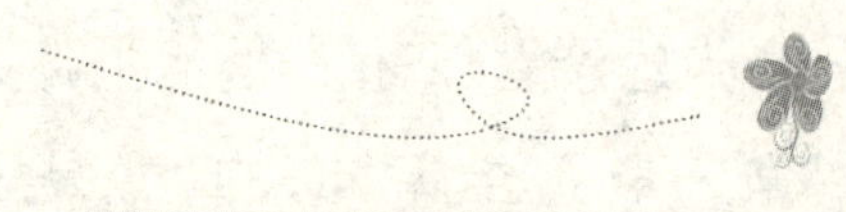

态度坚定

分手最怕的就是态度不坚定，早上说要分手，晚上又要复合；今天复合了，明天受不了又要分手，结果耗尽双方的精神心力，还牵扯不完。

分手分得那么习惯，以后再说分手也不觉得是一回事了。想分的那个人已经很习惯用情绪来分手，而想合好的那个人也已经很会处理这种分手事件，感觉上就变成两个人恋爱里的小乐趣，决定不了什么事情。

有人说夫妻间绝对不要老是把离婚挂在嘴边，其实情侣也是一样，不要把分手老是挂在嘴边，如果你真的不想和对方分手，就不要说。要知道，每一次说分手的时候，对对方来说都是一个绝望、一个伤害，于是原本兴致勃勃要和你共度一生的热情，就在这一次一次的否定之后冷却掉了，他真的无法再努力什么，只能抱着有今天没有明天地牵拖下去。每经历一次分手，两人共同努力的希望就消失了一些。

所以，想好了再说分手，而且要先让自己的意志坚定，知道自己是为了什么要分手，不要因为一时情绪不好就扬言分手，等着对方讨好了之后，又忘记自己的初衷。很多自杀的情人，其实都是一开始分手了太多次，第一次情人以哭泣挽回，第二次情人以自残挽回，第三次情人就只好以自杀挽回，用一次比一次激烈的方式来挽回对方，如果他知道用什么方法可以威胁对方的话。

想要分手的这一方要很清楚地知道，只要心软过一次，下一次对方就会有更剧烈的反应出来，一路走向极端，走到大家都不愿意见到的下场。面对情人极端的手段，不是没有方法可以阻止，就是要让对方知道，自己的立场很坚定，不会改变。

言语柔软

分手最忌讳口出恶言。如果你已经想要和对方分手了，就不要真的去数落对方在恋情当中的种种错误。他当然是有错误，但你也一定有你的不是之处，拿这个来当成分手的理由是不对的，显得你是一个没有心胸的人，只是抓到对方的一个把柄就要抛弃对方。

更何况，被甩的人通常都已经有相当的挫折感了，基于同情的理由，你怎么忍心再去告诉他说，他的个性有多差劲、生活习惯有多不好、对你有多不好……这些问题如果可以被解决，老早在还爱的时候就应该解决，既然都不要了，何苦又拿出来伤害对方。

把过错推到自己的身上也是一个不错的选择，但请不要太矫情，矫情到让对方觉得很讽刺，好像说我配不上你这种鬼话，听起来就很讨厌。你可以直说不爱了，没有感觉了，你很遗憾，但是为了两方都可以活得更好，你必须做这样的选择。

然后你的态度必须像朋友一样，不要对方一哭泣，你又心软了。这样不对，这一软，等于给出了还有机会的信息，这样对方肯放手才怪。既然不是情人的立场，就不要再做出任何情人的举动，要搞清楚状况，让自己坚定地以朋友的立场安慰他，不管你有多么伤心，分手的人就是要负起这个责任来，不要为所欲为。

像朋友、像亲人一样安慰对方，甚至完全跳出情人的立场，成为一个第三者给对方建议。无论如何，就算你说的话有多言不及义也没有关系，决裂的刺激言语都要吞下去，避免造成分手事实后，又带给对方撕心裂肺的伤痛。

第四技

分手之后的互动

很多人都想问，分手之后究竟能不能继续当朋友？我觉得分手之后不管做什么都可以，但也要看对方愿意不愿意，要看做这些事情到底有没有意义。分手之后会希望当朋友的那个旧情人，通常是对不起对方的那一位，也是得到对方好处多的那一位。他之所以会想要继续当朋友，无非就是希望抚平自己的罪恶感，另外，就是希望自己继续被眷恋、喜爱。放不下的那一方也常常想着当朋友，可是当朋友的目的对他来说，只是延续恋情的结尾，变成单恋，对自己没有任何好处。

所以，分手之后还当朋友，十之八九都是挂羊头卖狗肉的作为，真的那么理想可以把过去的感情不当一回事，继续当朋友的，只能说是凤毛麟角。

有些人会在分手之后做一些伤害的事情来抚平恨意，不管是伤害自己也好，伤害对方也好，目的就只是在平抚情绪而已。

我们一生要为自己的情绪付出的代价太多，如果可以把自己的情绪控制好，很多不必要的伤害就不会造成。伤害别人绝对不是对自己有利的方法。

有些人会在分手之后不断说旧情人的坏话，如果遇上的情人老是在说旧情人的坏话，那么你在他面前还是要当心一点，可能有一天你变成他的旧情人之后，你的糗事也将宣扬到他的新任情人耳朵里。如果他的言语中充满了对旧情人的暴力，那么你更要小心，你的一个错误将会让他永生难忘。

用残害自我来伤害对方是最愚蠢的方法，我曾经听过一句话：不爱就是不相干。如果你把自己弄得好好的时候他还不爱你，那么你把自己搞到狼狈不堪之后，他怎么可能回来爱你？了不起也只是同情而已，但在他内心，对你的偏执难免会怀有恐惧和反感。

我认为每个恋情都是独一无二的一段回忆，结束之后就应该让它过去，不要让它牵扯到你接下去的人生。我认识一些女孩子，在二十岁出头认识的那些情人们，不断地干扰着她们的人生，她们也无所谓，有一搭没一搭地和对方维持感情朋友、行为情人的关系，无法从旧爱的感觉中走出来。最近，她们都将迈入三十岁大关，对于自己的感情生活后悔不已。她们向我哭诉："这几年我青春美丽，那么多人爱我，我却一直爱着已经不爱我的他。现在，那些爱我的人都去追求其他更年轻的女孩子了，我的选择对象却得延伸到四十岁左右的中年男人。”对于这样的年华蹉跎，她们心中不无怨悔。

有些男人也是这样的，为了一段恋情的失败，就断然改变自己的感情观，给了自己游戏人间、堕落凡尘的理由。然后，他们可能会在三十五岁左右、帅都帅不过那些青春偶像的时候开始后悔，懊悔没能把握最好的状态和感情去追求一个好女孩。

如果你也正深陷情网，发誓要爱那个不再爱你的人一辈子，那也许是因为你的青春正骄傲，你不知道你所拥有的东西有多么珍贵，所以才会这样不在乎。你是因为不知道珍惜青春，不是因为有多么爱那个人。

关于分手之后的相处之道，不可不谨慎。

不要当朋友

根据我的观察，后来可以继续寻觅到好对象的人，通常都是和旧情人们失去联络的那些人。很多人都会理智地说，当朋友没有什么不可以，能够和旧情人继续当朋友，表示我的气度够大、心胸够宽、EQ 够好、人际关系处理得宜、大而化之不在乎过去……问题是，我们为什么要跟旧情人继续当朋友，才能证明我们是那样的人呢？我们自己就是我们自己，不管和多少

人谈过恋爱，我们总是我们自己啊！

几乎没有例外的，据我所知，那些一直在和旧情人当朋友的人，总是在某一次擦枪走火的时候，就发生了情人的情愫，做出了情人的暧昧举动。从此以后，他们就发展出界于情人和朋友之间的交往模式，他们永远不会再是情人，却是不断暧昧的朋友。这个时候，投入感情比较多的那一方就很痛苦，因为他在不知不觉当中已经默许了这个游戏规则，然而事实上，每一次的暧昧，都令他更不可自拔地继续爱着……就算没有发生擦枪走火的事情，总是会为了旧情人的所有新决定难过不已。旧情人交了一个新欢，条件不如你，你会气愤。当初死都不结婚的旧情人突然结婚去了，你就开始钻牛角尖，想确认他是不是欺骗你。可是，他对你的生活既没有帮助，对你的人生也没有好处，只是一个隐隐作痛的伤口，时不时就发作一下。再不然，就是那些已经不想要旧爱的人们，继续当朋友的结果，就是不断容忍旧爱的骚扰，为的是万一遇到重大灾难的时候，可以退到旧爱的身边去。这些几乎就是和旧情人继续当朋友的全部了，我不知道为什么这些人愿意投入所有的时间，和一段结束的感情继续纠缠？

因为旧情人的新决定，也会影响我们面对未来的心情，所以我们不要继续和旧情人当朋友，就抱着淡淡的哀愁和祝福离去吧！这也是对未来恋情负责任。人生可以重新开始是多么愉快的事情，何苦沉溺于找不到出口的迷惘困境呢！

不要恶言相向

不要把旧情人的丑事去向周遭的人哭诉，如果你实在有苦难言，就找一两个好朋友说说算了，但不要抱着仇恨、生事的心态去对付你的旧情人。

想想，如果你的现任情人不断地听到你在谩骂旧情人的话，他的心里会有什么感觉？

第一，显然你还是很在乎那一段恋情，所以耿耿于怀，所以即使分手那么久，对于和旧情人交往的小细节，都还印象深刻，你现任情人怎么相信你已经做好了和他交往的准备呢？

第二，你是一个记恨的人，和你交往要小心，因为只要你们的恋情没有结果，你也会这样对付他。假设他是一个自我保护意识很强的人，他会考虑不要这段新感情，或是有限度的投入。

我记得前几年有好多人都喜欢把旧情人的丑事搬到网络上晒，在网络上大肆批判旧情人所做的一切，要网友全体攻击那个旧情人，甚至还在网络上公开人家的照片和资料，我真不知道这样做的好处到底在哪里？让网友们知道你是一个这样复仇心切的恐怖分子吗？

我更担心的是，这个在网络上被媒体披露的人，将要如何向现任情人交代他的过去？过去就过去了，何苦玉石俱焚，自己

得不到的，也要人家得不到呢？

过去的事情并不重要，但对新情人来说，重点不是在于你所受到的伤害有多少，而是，原来你这样爱他，连命都不要地爱他，既然你这辈子的爱都给了他，那么我即使尽全力对你好，似乎也不能够取代他了。

我们对于自己所做的事情，都应该要优先考虑到自己的后路，像这样大张旗鼓地数落旧情人，其实也是在断自己的后路。你当然没有错，很多事情我们都没有错，但要考虑到未来情人的感觉，因为那会决定你未来恋情将是以什么方式来进行。

这也就是为什么我们必须学会，不要在现任情人面前谈论过去的感情有多么凄惨落魄，因为那等于是把自己的尊严往地上踩。人家恐怕会觉得，连这样的情人都可以令你执迷不悟老半天，看来我也不需要特别努力了。你的脆弱与悲哀，恰好吸引了那些想要从你的脆弱中得到好处的人，这也就是为什么，很多人的第一段恋情失败之后，就会接二连三地失败下去，因为你对过去恋情的态度，就直接影响你新的选择呀！遇上了好的对象，人家会因为你对旧感情的依恋而却步；遇上了不好的对象，就会利用你对过去恋情的遗憾，全力把你追上手，然后如法炮制地对待你。

所以，不要对旧情人恶言相向，那只会让对方觉得离开你是对的，既然你对他已经积怨很深，更不要对新情人说旧情人的罪恶，那只会让新情人以为，你还很爱他，所以恨意才那么重。

不要联络

要有这样的魄力，换电话号码、搬家，躲得远远地，消失在你们可能共同出现的场合之中。

我认识一个女孩子蛮好笑的，那就是她和旧情人分手了八次，电话号码也换过好几次，可是后来还是联络上了，然后她就再换电话号码。我们不用怀疑她的旧情人为何如此神通广大，因为都是她自己憋不住要去和对方联络，然后想想觉得不妥，于是又换掉电话号码，结果是陷入无止境的分分合合循环中。

另一个女孩子的电话号码始终没有换过，可是她成功地和旧情人断了联络。因为每一次旧情人打电话来，她都有无数的理由没空接听电话。她说，对于旧情人的感觉像看到蟑螂、壁虎那样避之唯恐不及。我一开始很纳闷：不至于吧？那个人过去对你也是很好的，不曾做错什么事情，为什么对他的感觉那么糟？结果她告诉我的理由是，每一次他打电话来，她都会顾虑到现任男友的感觉，怕会影响她现在的恋情。

因为对于现在感情的重视和负责，所以不要和旧情人联络。别再强称只是朋友，强说着问心无愧。说是你在说，看在旧情人的眼里，却是感触良多哪！所以，不要做这种拿石头砸自己

脚的事。

我听说过一个比喻，就是人生好比一趟列车，到了某个站时，有些人下车了，有些人上车了，那些下车的人虽然无缘和你共同到达同一个目的地，可是你却不会因为一个下车的人就到达不了目的地。

他可能换了路线，上了另一班车，到了他的目的地。重要的是，分手之后，你们就不再对彼此负责，而是各自走自己的人生路。

不要去和旧情人联络，也不要让旧情人找上你。我们总要抱着乐观的想法，给彼此一个真心的祝福，这样就已经足够了。

不要“回锅”

不要吃回头草，古有明训。不管是回锅油还是回锅菜，对健康都有害，回锅的感情也差不多。

很多人都说要破镜重圆，问题是，从古至今，有哪一面破了、碎了的镜子曾经被完好如初地重圆过？没有，大部分都只是黏起来继续凑合着用而已。

即使你们自认为已经做好回锅的准备，你忘记伤害，他也忘记伤害；你忘记他种种的不是，他也忘记你种种的恶行劣迹，可是真能做得到吗？下一次遇到问题的时候，难道不是新仇加上旧恨再来算一次？

当恋情走到无以为继的时候，你们才会选择分手。如果那个无以为继被推翻了，那也只能说你们的感情不够深，所以遇上了那样的事情就过不去了，这样的感情还捡回来做什么呢？它的意义只是让你们俩暂时不寂寞而已。

我们对于感情要有一定的魄力，那就是不好的绝对不要，不能幸福的绝对不要，因为寂寞只是寂寞，没有人因为怕寂寞而得到幸福，只有对幸福有主张的人，才能得到幸福。

回锅的恋情通常只是因为寂寞，因为旧情人的好处是不需要再重新适应，才会选择回锅。回锅之后，你们已经失去了那种热切的希望，很难走得比较顺利。我记得在《心动》这部电影里，女主角面对男主角的重新追求所做的拒绝。爱情还是在的，但是能爱的时机，早已过去。

第五技

冷静处理分手的危机

分手时最容易遇到的问题，不外乎是杀人自杀、伤人自残等问题。这种问题，如果早在选择对象之前就睁大眼睛，其实都不会发生。像这种负面的情绪发作，一定不是一时情绪失控，反而是因为本身的个性已经有那样的倾向，只是刚好有个机会刺激到他。

不过千金难买早知道。如果真的遇上了这种事，我们也是力求全身而退才是自保之道。

无论如何都要先想到自己的安危，不要被情感所左右。如果对方已经不想活了，请认清楚你想活下去的事实。

我认识一个女孩子，被分手的男友押上车，说要跟她同归于尽。结果，不管那个男人在她面前演得多么心碎、痛苦，她的心就是不软化，反而随时随地利用他的情绪找出路。他说还爱着她，她就配合着演出，说她也很舍不得，哭给他看，说她一切都是不得已。反正这个时候，能够让对方情绪冷静下来是最重要的事。基本上，对方对自己还是有感情的，不然不会有那么激烈的反应。如果可以利用这个弱点去软化对方的态度，就可以得到一线生机。

这个女孩是在上班的时候突然被押着出去的，没办法选择。如果有得选择，就不要接听前任情人的电话，也不要答应和他出去讲清楚。什么叫做讲清楚？要怎样才算是讲清楚？基本上，坦然说不爱了、要分手了，就已经够清楚了，不需要再把细节交代得更仔细，也不必说这是为了什么。你说是因为他的脾气不好，他就说会改；你说是因为他工作不稳定，他就说要去找工作；你说是因为你想要出国留学，他就说要等你。反正永远是讲不清楚的。所以，如果旧情人要约你出去把话讲清楚，你就应该很清楚，没有什么好说的了。

这是第一种分手危机。

另一种分手危机是，对方想要分手，但你还想要挽回。面对这种分手危机，其实有些情况是可以挽回的。我的朋友就是一个超级情绪化的家伙，只要一点点不顺心就嚷着要分手。像这样的分手都是可以被挽回的。结果她的男朋友也很绝，每次一听完分手两字就安静地离开，什么话都没有多说。等到我的朋友冷静了之后，自己就打电话过去，问他：“喂，你晚餐想吃什么？”

这种分手危机最好的处理方式就是冷处理。很多人一听到分手两字，马上就血压升高，肾上腺素急速分泌，结果下面的话也听不进去了，劈头就是你怎么可以这样做？你太过分了！也不想想我对你那么好！……诸如此类的话，激起双方对立的气氛，这样当然是分定了，因为两人都要赢。所以，遇到这种事情的时候，就先让对方赢吧！先顺着他的意思离开，因为这种时候要讲清楚，都是不可能的。

这里要说的，就是如何处理这一类的分手危机。

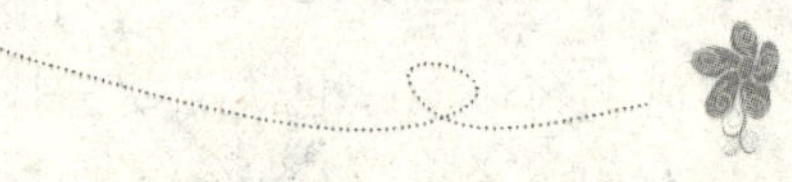

聆听

还是那句言多必失的老话，特别是你情绪很激动的时候，还是乖乖把嘴巴闭上，听对方对你的种种指责，让他的脑袋和言语不断地运转。

这个好处有两个。第一个好处是，让他有情绪发泄的管道。他可能有些情绪积压很久了，没说出来，而他一定是想要让你知道他的委屈，才会说出来。他的指责就表示对你还是有期待的，不然这些不满统统可以不必说，直接把你甩掉反而比较方便。你做错了一些事情，要让对方有生气的出口。

第二个好处是，当他在说的过程中，正是在回忆你们之间的点点滴滴，虽然他说出来的话都是不好听的，可是除非你真的很差劲，否则总也会在脑海里闪过一些你对他的好的记忆，那些记忆就会唤醒他的感情。如果这个时候你也跟着张牙舞爪地对付他，那么就连那一点点甜蜜的回忆也将被磨灭了。

不要急着回应他的分手，请先听听他怎么说的。你也可以判断一下，两人的问题出在哪里，有没有机会可以走得更顺利一点。

让对方冷静

不管是什么原因让对方已经受不了了，甚至是第三者出现，都是一样的。能够断然决定不要一段旧感情，是一件不容易的事，没有非常的激动做不出来。他说的话可能会伤害你，甚至比起以前吵架的时候都还要重伤你。他说的一些话，可能甚至会磨灭掉你们过去的那些美好记忆，所以，你要尽可能地使对方冷静。因为他所说出来的话，可能在未来也会令他自己后悔。

除了聆听之外，还要安抚，顺着他的话说，例如说：这是你的感觉吗？我真的不知道，也很抱歉。我并不是那个意思，其实我只是为了你好，才会做这样的事情，可能我太急了……这种话可以让原本剑拔弩张的人稍微缓和一下，不会越说越激昂。

不要把对方的情绪导向分手。你还是要像过去一样温柔体贴地对待他，就好像你们并没有在谈判分手这件事情，只是他

在生气，你在安抚他。这个方法很有效，我那个脾气暴躁的朋友，有无数次就是在男朋友这样的处理下，忘记了自己是要分手，最后反而破涕为笑。

不要让对方掌握分手的气氛，要把气氛的主控权拉回到自己的手上！

尊重对方的态度

要采取一种尊重对方的态度。这种态度是，你把你自己爱着对方的心意表达清楚，和你即将如何改善两人之间的关系表达清楚，让对方选择。

前面说过了，人是有感情的动物，要能够做出决定把前一段感情结束掉，需要很大的勇气和激动的情绪，如果这两件事少一样，就很难成功地分手。你需要做的，就是在表达你的立场之后，让对方看着你，在你的面前做出选择。不要做出那种太激情夸张的举动，那没有用，反而会激发出对方想要反抗到底的决心。

如果实在没有结果，就先离开现场，不要听到对方把分手两个字说出来。尊重对方的选择，一定比死缠烂打要来得容易。